TURING 图灵新知

[日] 池谷裕二 —————— 著

周自恒 —————— 译

怪诞
脑科学

人类奇怪行为的
脑科学原理

寝る脑は風邪をひかない

U0164899

人民邮电出版社
北 京

图书在版编目（CIP）数据

怪诞脑科学 ： 人类奇怪行为的脑科学原理 ／ （日）
池谷裕二著 ； 周自恒译. -- 北京 ： 人民邮电出版社，
2024.1
（图灵新知）
ISBN 978-7-115-63214-2

Ⅰ．①怪… Ⅱ．①池… ②周… Ⅲ．①科学知识－普
及读物 Ⅳ．①Z228

中国国家版本馆CIP数据核字(2023)第235366号

内 容 提 要

　　本书从脑科学的角度解读了日常生活与热点话题背后的科学知识，用通俗的语言讲述种种"奇怪"行为与心理背后的脑科学原理，以生动的解释呈现了人脑在学习、工作、生活、人际关系等方面令人意外的"怪癖"。本书风格轻松，讲解有趣易懂又不失严谨，为读者用脑科学知识认识自我、调节自我提供助力，也为理解人类行为提供了一种视角。了解大脑机制如何影响我们的认知、决策与生活，能够帮助我们充分发挥大脑的功能，在学习、工作和生活中获得更高的效率和更多的乐趣。

◆ 著　　　　[日]池谷裕二
　　译　　　　周自恒
　　责任编辑　魏勇俊
　　责任印制　胡　南
◆ 人民邮电出版社出版发行　　北京市丰台区成寿寺路11号
　　邮编　100164　　电子邮件　315@ptpress.com.cn
　　网址　https://www.ptpress.com.cn
　　三河市中晟雅豪印务有限公司印刷
◆ 开本：880×1230　1/32
　　印张：7.625　　　　　　　　2024年1月第1版
　　字数：137千字　　　　　　　2024年1月河北第1次印刷
　　著作权合同登记号　图字：01-2023-4534号

定价：59.80元
读者服务热线：(010)84084456-6009　印装质量热线：(010)81055316
反盗版热线：(010)81055315
广告经营许可证：京东市监广登字 20170147 号

前言

本书由我在《经济学人周刊》^①（每日新闻出版）上连载的卷首语集结而成。我目前有幸为两本杂志撰写连载文章，其中《经济学人周刊》的连载至今已经有 10 多年了。尽管是每月一篇的频率，但它是我迄今为止持续时间最长的连载。

2008 年，北京举办了奥运会，同时全球发生了以"雷曼兄弟事件"为导火索的经济危机。在政坛方面，日本麻生内阁上台，奥巴马就任美国总统。光是盘点这些事件，就足以体现出满满的年代感。当年的我还是一个刚刚当上副教授的年轻人，而现在已经是一个 50 多岁的教授了。时光荏苒，沧海桑田，社会规范和价值观也在发生变化。当然，我的人生观也发生了变化。

本书的内容是从 151 篇连载文章中，按主题以新旧交织的方式遴选、集结而成的。在重读这些文章时，隐约可见当时独特的

① 每日新闻出版的《经济学人周刊》是一本创刊于 1923 年的日本经济杂志，与英国的《经济学人》杂志名称相似但没有关联。（本书所有脚注均为译者注）

视角，让我回想起当时的世间百态，我自己也感到意趣盎然。

在内容方面，本书对某些过时的地方进行了修订，大部分文章经得起时间考验。也许相比一般的时事新闻和坊间传言来说，科学事实更不容易过时吧。

但有一点我必须在这里声明一下。这些文章面向的是《经济学人周刊》的读者，因此会出现一些较为艰深晦涩的描述，也会包含一些在我其他文章中所没有的辛辣讽刺等可能会令人不快的要素。此外，由于连载文章有严格的字数限制，因此会有一些解释不充分、无法传达真实意图的地方（当然，我在撰写时已经努力避免出现这样的问题）。如果各位读者感受到上述这些问题，那都是由于我笔力不至所造成的。

从这个角度来看，本书尽管带有明显的"池谷风格"，却又是别具一格的。因此我可以肯定地说，我自己是非常喜欢这本书的。这本心血之作得以出版，我感到十分欣慰，希望各位读者也能够喜欢这本书。

最后，请允许我向《经济学人周刊》编辑部的编辑藤枝克治、桐山友一、酒井雅浩、下桐实雅子和神崎修一表示衷心的感谢。尽管10多年间责任编辑也更换了四次，但无论是哪位编辑，每月都会认真阅读拙作，提出宝贵意见，并对文中不计其数的认知错误、内容不当和表达不妥之处进行指点，使我也得到不少成长。

除此之外，还要感谢负责本书编辑工作的长谷川克美，以及扶桑社的山口洋子主编。这两位编辑与我进行了长达 17 年的合作，负责编辑我的多部拙作，如《考试脑科学 2：记忆、压力、动机的脑科学真相》①《大脑也有奇怪的习惯》②《让大脑转起来》等。其中，山口洋子如今已晋升为主编，以她的实力来说这样的晋升是理所当然的，但我从中依然感受到了时光的流逝。尽管工作十分繁忙，她依然为本书的付梓而东奔西走，对于她的付出，我的感激之情无以复加。

我尤其想感谢的是一直在身边陪伴和支持着我的妻子和两个女儿。从事研究工作本身并不容易，在此之上还要从事著书和媒体方面的活动，没有家人的理解和支持，这些是无法做到的。同样，本书的出版也离不开家人的支持。

池谷裕二

2022 年 1 月吉日

---

① 人民邮电出版社（2023）。
② 机械工业出版社（2015）。

目录

第 1 章

大脑擅长"习惯成自然"

大脑的基本设计是"通过少量信息在最短的时间内做出判断"

研究者曾经做过这样一个实验：将两位现代艺术家的 40 幅绘画作品逐一给受试者观看，让受试者判断他们更喜欢哪一位艺术家的作品。你觉得受试者需要看几幅作品就能做出判断呢？美国芝加哥大学的克莱因博士和奥布莱恩博士于 2018 年在《美国国家科学院院刊》上发表了这项研究的结果。

受试者在实验之前预估所需的作品数量平均为 16.3 幅，但实验结果与之大相径庭——受试者平均只需要看 3.5 幅就做出了判断，比预估的数量少了近 80%。研究者还将实验范围扩大到食物的喜好、人物的评价、伴侣的选择等共 7 个场景。在所有场景中，受试者实际做出判断所需的信息量都远远少于预估值。这一差异不仅体现在自我评估上，请受试者估计"人们会参考多少信息"时，他们给出的结果同样也比实际要多。

对于这一结果，根据情况可以有不同的解读，比如说"白给了那么多信息却没有好好利用",或者也可以从积极的角度来解读,比如说 "通过少量信息就能做出判断,说明洞察力强"。但无论如何,预期和实际的这种明显差异都值得我们注意。

在如今这个信息时代,生活中充斥着大量的信息。人们都想获得更多的信息,提供信息的服务也因此变得不可或缺。但现实问题是,到底有多少信息真正得到了有效的利用呢?我们是不是应该经常自我反省,有没有可能为了收集过剩的信息而东奔西走,白白浪费了宝贵的精力呢?

我们不能忘记生物演化的过程。为了在严酷的自然界中生存下来,生物的大脑在 "通过少量信息在最短的时间内做出判断"这一点上几乎做到了极致,而深思熟虑常常只能被放在次要位置。社会的变化翻天覆地,我们进入了信息泛滥的时代,但大脑的基本设计并没有那么容易改变。

精神状态不稳定的原因——大脑也是波动的

"波动"是万物皆有的性质。大自然是波动的。空气的波动产生了风，大海的波动产生了浪。

大脑也是波动的。脑波就是一个典型的例子。我们的判断标准和精神状态不稳定，正是由于大脑神经网络的波动导致的。

关于大脑的波动，德尔佩奇奥博士于 2008 年 1 月发布了一些有趣的数据：通过检测 α 波，可以预测高尔夫球运动员是否能够成功推杆进洞。

平常，α 波的强度会持续波动，时强时弱。德尔佩奇奥博士发现，"当前额叶 α 波强度较弱时，推杆进洞的成功率较高。反之，当 α 波强度较强时，击球的成功率就会变低。"简而言之，α 波的强度越强，击球偏离目标的距离就越远。

也就是说，α 波最弱的瞬间就是推杆击球的最佳时机。当然，在现实中我们不可能感知自己的脑波，因此如果击球的时机不巧，就更有可能失败。如今的时代，检测脑波的设备已经很便宜了，也许在不久的将来，我们可以看到运动员佩戴着脑波检测装置打球的场面。

人们已经知道 α 波是在人放松时会出现的脑波。从这个意义上来说，刚才的实验结果颇具代表性。也就是说，"当需要慎重行事时放松一点比较好"只是一种"错觉"罢了，事实上应该是保持适度的紧张感比较好。

进一步说，也许我们每个人都蕴含着自由控制脑波的能力，千万不要轻视这一点。从我自己的经验来看，如果能实时看到自己的脑波检测数据，再通过一点训练，就能控制脑波的强弱。相信进行这种大脑训练的日子应该也不远了。

3 大脑擅长"习惯成自然"

我们人类到底需要花费多少时间才能适应一种新的习惯呢？英国伦敦大学的公共卫生学者拉里博士曾发表一项著名的研究结论。这项研究对人们引入诸如"早饭后做 50 个仰卧起坐""午饭时吃水果""晚饭前 15 分钟慢跑"之类新的生活规则，并达到能够自然地完成这些行为的状态（"习惯化"）所花费的天数进行了调查。

最后得出结论，每个人在每个项目上所需的天数均有所不同，但可以统计出平均需要的天数为 66 天。也就是说，只要连续努力两个月，就可以养成一种新的习惯了。

4 被输入老年小鼠血液的年轻小鼠大脑
会衰老

被输入老年小鼠血液的年轻小鼠，其大脑会衰老——《自然》杂志（2011 年 9 月）发表了这一令人震惊的研究结果，开展这项研究的是美国斯坦福大学的怀斯－科雷博士等人。

这里所说的"大脑衰老"指的是学习能力和海马体神经细胞增殖率的下降。并不是只有人类的大脑功能会随着年龄增长而衰退，寿命只有两年左右的小鼠也是一样，这种现象在哺乳动物中非常普遍。

为什么大脑功能会衰退呢？怀斯－科雷博士等人认为衰老的身体环境是导致这一现象的关键。他们尝试将老年小鼠和年轻小鼠的身体通过"异体共生"手术缝合在一起，结果发现，年轻小鼠的大脑似乎是受到了老年小鼠的牵连，其活性出现了下降。进一步研究发现，不需要缝合身体，只交换血浆就可以让年轻小鼠的大脑活性下降。

不过，相反的效果并没有出现。也就是说，将年轻小鼠的血液输给老年小鼠，并不会让大脑"返老还童"。

这一实验结果非常重要，它表明大脑衰老的原因并不在于保持大脑年轻的物质减少了，而是在于让大脑功能下降的物质增加了。

怀斯－科雷博士等人对老年小鼠的血液进行了仔细的研究，发现 CCL11 分子的增加是造成衰老的原因之一。或许有一天，我们可以用科学的力量来延缓衰老。

5 "蔡加尼克效应"记忆的性质

你知道"蔡加尼克效应"吗？

这是心理学家布鲁玛·蔡加尼克博士发现的一种"记忆"的性质。蔡加尼克博士进行了如下实验。

向受试者在一小时内连续分配 20 种任务，这些任务包括拼拼图、用黏土捏小狗、做数学题、做纸箱子等。其中随机选择 10 种任务让受试者完成，另外 10 种任务则在没完成时打断。

然后，请受试者回忆自己都做过哪些任务。由于在短时间内连续做了 20 种任务，因此受试者很难回忆起所有做过的任务，但相比已完成的任务，受试者能回忆起未完成任务的数量是前者的两倍。这是由于人在完成任务的过程中会产生紧张感，如果这时被打断的话，心里还会遗留一些牵挂；相对地，已完成的任务则会释放紧张感，从而更不容易留下印象。

这一发现也可以在日常生活中得到运用。例如，相比将某项工作完成后就下班回家来说，可以先开始做下一项工作一段时间后再下班回家，这样的话第二天早上能够更容易继续完成昨天的工作。

此外，如果某项工作距离截止时间还有一个月的话，相比直接把资料放在一边来说，可以先将资料浏览一遍，然后再暂存起来，这样更有利于在截止时间之前完成这项工作。

或者，在向别人讲解新工作的操作步骤时，如果在事前进行讲解，对方不容易留下印象，而如果先让对方开始工作一段时间再进行讲解的话，就更容易让对方留下深刻的印象。

把工作留一半故意不做完可能是需要一些勇气的，但实际上，在这个搁置的过程中，你的大脑会在无意识中思考这项工作，这样可能会使工作更出色地完成。

知识的实践对大脑来说更重要

"'记忆是在学习中形成的，而测验只是评估记忆的有效手段。'其实，这样的想法是错误的。"上面这一颠覆性的观点，正是发表在《科学》杂志（2010 年 10 月）上的一篇论文的开头。该论文的作者是英国肯特大学的派克博士。

派克博士根据自己的实验数据指出："测验具有帮助形成长期记忆的效果"。

人们已经知道测验对长期记忆的形成有正面效果。例如，一天内要记住几十个外语单词，相比单纯反复背记来说，如果穿插一些默写测验的话，可以帮助维持长期记忆，尽管记住这些单词所花费的总时间不变。

派克博士对测验增强记忆的机制进行了研究。其对 118 名学生进行了一项经过巧妙设计的测验。结果发现，在参加测验时，受试者并不只是回答了问题，还同时在大脑中生成了用于推导出答案的提示信息。

也就是说，为了回忆某个单词，我们会自然而然地调动大脑的各种功能。例如，利用母语中的对应单词，或是联想意思或发音相似的其他单词等。这种联想的单词群会与需要记忆的单词组合起来，就更容易被大脑消化吸收。

学习知识不能靠单纯的灌输，实践更重要。

7　过目不忘的记忆力会带来各种困扰

"如果能拥有过目不忘的超强记忆力的话，在情况发生变化时就会受到旧记忆的影响，反而不容易适应新环境。"这一结论来自《科学》杂志上发布的研究数据——欧洲神经科学研究所的迪恩博士等人利用小鼠进行的一项研究。

记忆储存在突触（神经细胞之间的连接处）中。也就是说，特定神经细胞之间的强连接就是记忆的实体。当神经细胞之间的连接减弱时，记忆就会逐渐淡化，直到无法再次回忆起来，这就是遗忘。

遗忘并不是由于突触在经过时间而退化所导致的，而是由于大脑主动去除了突触中的神经递质受体分子所导致的，这是大脑所具备的一种正常的生理功能。迪恩博士确定了用于去除这种神经递质受体分子的机制，并敲除了表达这些分子的基因，制造出了大脑突触强度不会减弱的小鼠。和预期的一样，这些小鼠无法遗忘。

过目不忘——这听起来令人非常羡慕，但实际上会带来各种各样的困扰。例如，当喂食地点改变时，这些小鼠虽然能记住新的喂食地点，却也无法忘记旧的喂食地点，还会去旧的地点寻找一番。也就是说，它们无法区分过去和现在。

我们之所以能感受到时间的流逝，是因为我们拥有记忆。通过比较过去和现在，我们就可以时刻感受到世界的变化。如果没有过去的记忆，我们内心的时间也就不会流动了。然而，正如上述实验所示，过于持久的记忆同样也意味着时间的冻结，因为过去太"鲜活"了，和现在没有任何区别。只有记忆淡化，才会产生信息的远近之别，我们才能在心中树立起"现在"这一瞬间的概念。

所以说，像我这种"扭头就忘"的大脑好像也是有好处的。

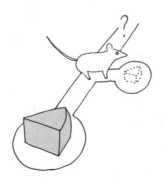

8 不知为什么大家都认为"记忆力会随着年龄增长而减退"

上了年纪之后，记忆力就会减退——对于这一广为流传的说法，我却并不认同。的确，如果患上老年性阿尔茨海默病之类的会导致认知障碍的疾病，就会由于神经细胞坏死而导致记忆力下降。但是，这些都是脑部疾病，大多数人其实不会患上这些疾病。

从解剖学的观点来看，大脑中神经细胞的数量从 3 岁之后就基本固定不变了。有报告指出，即便到 100 岁，神经细胞的数量也几乎没有变化。也就是说，大脑这个设备是不会折旧的。

那为什么人们会感觉上了年纪之后记忆力会下降呢？有多种原因，其中最重要的原因可能是人们自身对"上了年纪之后，记忆力会减退"这一说法深信不疑。

美国塔夫茨大学的阿雅纳·托马斯博士在《心理科学》杂志上发表的实验结果可以为上述观点提供佐证。托马斯博士招募了18～22 岁的年轻受试者和 60～74 岁的老年受试者各 64 名，并对他们进行了测试。测试的内容是让他们先记忆一些单词，然后给他们看另外一些单词，要求他们从中找出之前记忆过的单词。

如果在测试前对受试者谈及 "在这种记忆测试中，一般老年人的成绩会比较差"，那么年轻人的得分约为 50 分，而老年人的得分约为 30 分。

但如果对他们说 "这只是一个心理测试"，而不提及记忆力的话，年轻人和老年人的得分都是 50 分左右，几乎没有差别。测试相同，结果却令人震惊。

不知道为什么，"记忆力会随着年龄增长而减退" 这种奇怪的说法会在社会上广泛流传，错误的 "常识" 带来的危害可真大啊。

9 人类是通过失去某些能力而演化的

人类是通过失去某些能力而演化的。

例如，和其他哺乳动物不同，人类几乎没有体毛。除了大象、河马等大型哺乳动物体毛非常稀疏之外，绝大多数哺乳动物的体毛都比较旺盛。遍布全身的体毛对于保持体温和水分来说是必需的，因此几乎没有体毛的人类是生物界的弱者。

但幸运的是，人类拥有足够的智力，能够制作衣服来抵御寒冷。这样的智力使得人类不仅能够在非洲大地上生存，还能将生存范围扩展到其他猿猴无法生存的北极圈。

记忆力也是一样。人类比较健忘，记忆不准确，有时还会发生混淆。相对而言，黑猩猩的短期记忆力却惊人的强大。或者说，越原始的动物其记忆力越持久。

不过，人类虽然舍弃了高精度的记忆力，却由此换来了想象力和创造力。

　　《自然》杂志（2011 年 3 月）曾发表过一篇关于人类和黑猩猩基因对比研究的论文，作者是美国斯坦福大学的麦克里恩博士。和黑猩猩相比，人类缺失了 510 个基因，其中最具代表性的是与前额叶结构相关的基因。去掉了这个"限制器"之后，人类的大脑皮质得以扩大，这可能就是人类智力的源泉。

人脑还没有习惯城市生活

城市是人类社会的象征。如今，全世界接近一半的人口集中生活在 10 万人以上的城市中。然而，城市化的渗透在人类历史上也只不过是近些年才发生的。1950 年，只有大约 30% 的人口生活在城市中。

有句俗话说："看一眼那不勒斯，然后死去。"[①] 自古以来，城市相比其居住功能来说，更多的是作为农村人的憧憬而"存在"。可能就是出于这个原因，人脑并没有习惯城市生活。或者说，我们的大脑并没有以城市生活为目标来进行演化，于是就会产生各种各样的障碍。

根据我所了解的数据，相比生活在农村的人，生活在城市的人的忧郁症发生率要高出 21%，心境障碍发生率要高出 39%，感统失调症的发生率也较高。"城市"是大脑的产物，而大脑却因城市的存在而烦恼。

---

① 这是意大利的一句谚语，其含义是看过那不勒斯的美丽风光之后，就死而无憾了。

加拿大麦吉尔大学的梅耶 - 林登伯格博士在《自然》杂志（2011 年 6 月）发表的一项研究表明：在城市长大的人，其大脑中杏仁核和前扣带皮质层的活动会发生变化。这说明城市生活会对与情绪和社会压力相关的脑结构产生影响。

世界人口已经超过 70 亿，城市化也在不断推进。40 年后，可能会有 70% 的人口集中生活在城市中。为了让将来的人们远离精神疾病的威胁，现在的脑科学研究者们已经开始探索能否在城市规划和结构设计方面提出一些有益的建议。

通过分析"活生生的大脑"来探索治疗方法的"大脑活动图计划"

全世界的脑科学研究正迎来一场巨大的转变。2013 年，时任美国总统奥巴马宣布：未来 10 年将是"脑科学时代"，美国政府每年将为此投入 1 亿～ 3 亿美元的研究经费。这个消息让包括我在内的许多脑科学研究者感到震惊。

震惊的原因有两个。第一是这个消息发表得太突然了。尽管一年前就有一些风声，但在这个时机发表还是显得很唐突。

第二是这次发表的计划的定位。这个计划显然是与 1990 年的"人类基因组计划"有所关联，当时也是老布什总统非常高调地宣布人类进入了"基因组时代"。

由此，我们可以认为这个计划是继"曼哈顿计划（原子弹研制计划）""阿波罗计划（人类登月计划）"和"人类基因组计划"之后，美国主导的又一项大规模科研计划。

这个新计划被命名为"大脑活动图计划"。

欧盟已经启动了"人类大脑计划"，其目标是研究大脑网络的"结构"。而相对地，"大脑活动图计划"的重点则是在"活动"上，它的目标是通过对"活生生的大脑"进行分析，来寻找抑郁症、感统失调症、自闭症、认知障碍等疾病的治疗方法。

坦诚地说，在我看来，以现在的技术实现这样的计划是非常困难的。但回过头来看，"阿波罗计划"和"人类基因组计划"当初也被认为是不可能实现的。所以这个计划也很有可能因为意料之外的技术革命的出现而最终实现。

顺便说一句，之前的"人类基因组计划"总共投入了 38 亿美元的研究经费，产生了 8000 亿美元的经济收益。"大脑活动图计划"的投入总额与之相当，所以我非常期待看到这个计划会产生怎样的经济收益。

警报响起时，大脑会不自觉地解释为误报

2014 年 10 月 16 日，御岳山搜救行动宣布终止，此时有 7 人依然下落不明。自 9 月 17 日御岳山喷发以来，总共出动了超过 1000 人参与这次搜救行动。尽管来年还会重新启动搜救行动，但无论是失踪者的家人还是搜救队员，都一定为这次搜救行动的终止感到遗憾吧。换个角度说，在遭遇台风和降雪的情况下，没有发生次生灾害已经是奇迹了。

火山灰掺水之后其粘度会急剧升高，通常会变成和混凝土差不多的性状。尽管这样说可能不合时宜，不过从地质考古学的角度来说，这种条件非常有利于让被掩埋的物体形成化石而长久保存下来。在这样的状况下进行搜救难度是相当大的。

大家都知道登山是一项高风险活动，特别是攀登火山，做好遭遇火山喷发的准备是登山者的义务。这次事件之后，很多人对政府将御岳山的警戒等级设置为最低的 1 级提出了批评。但是按照国际标准来说，在保证登山自由的前提下，风险管理责任应该由当事者承担。

　　正如"警报响起时，大脑会不自觉地解释为误报"这一现象所体现的，大脑具有一种避免将危险认为是危险的"正常化偏见"倾向。在这次的御岳山事件中，只有不到一半的登山者是先提交了登山计划之后再进山的。不得不说，大家的风险意识有待提高，这导致了本次搜救行动的费用高达数千万日元。

　　近年来，越来越多的山岳开始按照地方政府的规定，要求登山者必须先提交登山计划才能进山。

　　此外，强制携带 GPS 定位器的必要性也需探讨。如果这能因此弥补登山者个人原因造成的公共损失的话，携带 GPS 定位器的这点不方便也是可以容忍的吧。

　　冬天就要到了。希望今年冬天与往年不同，不要再有很多雪山遇难的新闻了。

锻炼专注力的方法

有没有锻炼专注力的方法呢？美国普林斯顿大学的塔克 - 布朗博士等人对此进行了认真的研究。他们的研究结果提供了一些对我们有益的观点，在《自然：神经科学》上发表的论文中也有一些非常有趣的结论。

一般来说，专注力是通过"找出以低频率出现的物品的能力"来进行测量的。例如，让受试者一边连续观看风景照片和动物照片，一边按规则按下按钮。规则是"当出现风景照片时按下按钮，当出现动物照片时不按按钮"，但动物照片的出现频率是风景照片的十分之一，所以当出现动物照片时，受试者可能会不自觉地按下按钮。通过测量失误次数，就可以判断出受试者的专注力。

个体的专注力差异很大，有些人可以长时间保持专注，而有些人的注意力很快就会涣散。

那么，怎样做才能提高专注力呢？

塔克 - 布朗博士等人对大脑活动进行了监测和记录。当专注力下降时，就给出较难辨认的照片，提高任务的难度。反之，当专注力上升时，就降低任务的难度。通过持续训练之后，受试者保持专注的能力提高了，可能是他们掌握了专注的诀窍吧。无论如何，好消息就是专注力是可以通过锻炼来提高的。

这项研究中，有一个值得注意的重点。按照一般的逻辑，当专注力下降时，应该改做一些不需要十分专注就能完成的简单任务。但塔克-布朗博士等人则反其道而行之，让受试者去完成更难的任务。这是因为由于完成难度较高的任务需要受试者更加专注，因此就可以重新"激活"专注力。

专注力并不是一种不断消耗之后就会枯竭的不可再生资源，而是坚持挖一挖就可以自己喷涌出来的泉水。

通过移植"AI芯片"开发大脑潜能

又到了冬季运动会的时节，令人感动且充满戏剧性的花样滑冰是每年冬季的招牌项目。花样滑冰的评委会根据表演的难度来进行打分。例如，勾手跳比后内点冰跳的分数高，但有多少人能正确区分这两种跳跃呢？即便是听现场解说，我也完全分不清楚。

从纯粹的视觉观点来说，在看到同样的画面时，专家能够识别出来，而外行则识别不出来，这是一种非常奇妙的现象。投射在大家视网膜上的画面都是一样的，而且作为下一级神经网络的丘脑和初级视皮层也都是相同的。也就是说，通过大脑接收到的视觉神经信息应该足以让我们分辨出各种跳跃。

不过，我们的大脑并不能感知到自己大脑的初始反应。明明是自己的大脑，自己却无法有效利用，就好像是自己的资产被冻结了一样，非常遗憾。

所谓"培养犀利的眼光"，其实是训练自己去有效地利用自己的大脑活动。"既然如此，那还不如让AI（人工智能）来分析沉睡在自己大脑中的信息，然后再反馈给自己呢。这样也许就能有效利用这些隐藏资产了。"基于这一大胆的构想，一个研究项目于 2018 年 10 月启动，它就是日本科学技术振兴机构的战略性创造研究推进事业"ERATO 池谷脑 AI 融合项目"。这次尝试可谓雄心勃勃，其目的是通过移植 AI 芯片来开发大脑潜能，以及为此研发相应的基础技术。

如果这一技术能够获得成功，就会有各种各样的应用场景，例如，识别体育动作、看出围棋和象棋中一步棋的作用、获得艺术作品的审美能力、听出英语中 R 和 L 的差别①，以及习得绝对音感的能力，等等。

当然，也可以利用这一技术来帮助患者进行治疗。

---

① 在日语发音中 R 和 L 是没有区别的，因此日本人通常会在辨别这两个发音上遇到困难。

——译者注

人们偏好"因果报应"?

人们偏好"因果报应"？

大家知道"公平世界假设"这种心理现象吗？

我们都知道，现实世界并不是完全公平的，谁都有可能遭遇莫名其妙的不幸，例如疾病。美国约翰霍普金斯大学的弗格斯坦博士等人在《科学》杂志（2015 年 1 月）上发表了一项关于癌症发病偶然性的研究。他们分析了 22 种癌症的发病机制，发现 70%的癌症是由于细胞增殖时发生随机基因突变所导致的，剩余 30%可能归因于吸烟、紫外线暴露等间接因素，但是这 30% 并不能改变大部分癌症属于"偶然发生的不幸"这一事实。

尽管我们生活在这样一个"不讲道理"的世界，但不知为何，我们依然习惯于假设"世界是公平的"，这是因为我们在心理上并不认同没有道理、没有依据的事情。人们更倾向于认为凡事背后都有某种"故事"，并尤其喜欢从中追求"因果报应"，从而得出"世界是公平的，幸或不幸都是有理由的"这样的结论。天气放晴是因为平时品行端正，考试没考好是因为新年没有去参拜，得了肺癌是因为抽烟喝酒——如此，无论成功还是失败，都可以归因于当事者的所作所为。

　　虽然这样的心理偏好使 "善有善报，恶有恶报" 这一劝善惩恶的信条得以产生，同时也有助于 "日行一善" 等鼓励行善的风气形成，但偶然遭遇案件或者事故的受害者也可能会因此成为别人找茬的对象——也就是用 "这个人遭到伤害的背后一定有什么理由" 的方式将他人的不幸 "合理化"，如 "穿这么短的裙子，难怪会遭到侵害" "生活习惯这么不好，难怪会得癌症" 等武断的归因都属于这样的典型。

　　对于 "公平世界假设" 这种心理现象，即便知道它的存在也很难彻底摆脱，因此我们更需要注意避免理论脱离实际。

沉迷游戏也能促进自我管理？

电子游戏、社交网络等数字技术对大脑有没有负面影响呢？有些数据表明玩游戏可以提高认知能力，也有些数据表明在社交网络兴起的这 10 余年间年轻人的忧郁倾向有所增强，专家们对此也是莫衷一是。在《自然》杂志上发表的一篇文章中，美国俄勒冈大学的尼克·艾伦博士甚至将矛头直指这个问题本身的合理性："讨论数字技术的是非，就像讨论汽车是否会让驾驶员死于事故一样。"

关于这个问题的讨论一直无法得出确切的结论，看了这些讨论之后，我的判断是并不会产生什么值得担心的负面影响。当然，我自己就是和游戏共同成长的一代，所以也可以说，这个判断是一种自我辩护吧。

但有一点值得注意——数字技术的高成瘾性。

WHO（世界卫生组织）发布的 ICD（国际疾病分类）对疾病和死因的判断标准以及名称进行了统一规定，并在临床领域得到了广泛的采用。2022 年，WHO 发布了该文件的第 11 版，这是 12 年以来该文件的再次更新。

在这一版中，新增了一个叫作"游戏障碍"的诊断分类。也就是说，过度沉迷游戏达到影响睡眠、饮食等日常活动的程度，这种状态被正式认定为"疾病"，成为了需要治疗的对象。

看来游戏成瘾已经成为一个世界性的问题了。

但是，高成瘾性也是把双刃剑。

例如，有观点指出沉迷游戏可以促进自我管理——有了沉迷游戏的经验之后，往往会意识到自身的问题，然后采取"一天最多玩一小时"这样的方式进行自我时间管理和健康管理。这也就是所谓"反作用效应"。话说回来，我也是在上学时开始玩游戏的，后来通过自我反省培养了自控能力。

O 型血的人自杀率低？

对自己的遗传基因进行测序和分析已经在全世界成为一种流行趋势。通过基因测序，可以进一步了解自己的体质和才能。2015 年，时任美国总统的奥巴马投入约 2 亿美元启动了"精准医学行动"，这也是在上述趋势的影响下诞生的国家级计划。例如，同样是糖尿病，发病机制却因人而异。通过分析基因组信息，就可以为每个人选择最合适的治疗方法。

关于基因组信息，尤其需要注意的就是隐私保护和数据安全。遗传信息可以说是最深层次的个人信息，不能沦为被恶意买卖或歧视的对象。

话说回来，在日本，其实人们平常就一直在谈论遗传信息——血型。B 型和 AB 型的人有时会受到不公正对待，也就是所谓"血型歧视"，这个问题在日本已经开始引起一定的关注，但这并不是普遍现象。

很多人可能还是认为血型对我们没有那么大的影响。然而，事实并非如此。举个例子，瑞典卡罗林斯卡研究所发表过一篇论文，指出 O 型血的人罹患疟疾后不容易发展为危重症。原理很简单，因为疟原虫病原性的关键在于红细胞。血型其实是红细胞表面"粗糙程度"的区别。在感染疟疾时，O 型血的人其脑部血流的减少程度较轻。尼日利亚大多数人口都是 O 型血，这可能是疟疾进行筛选淘汰造成的结果。

既然血型会影响脑部血流，那么也很有可能与性格存在关联。美国自杀预防研究中心对发达国家中的自杀原因进行了大规模分析，发现在各个国家中最普遍的影响因素并不是年龄、离婚经历、酗酒等，而是血型。O 型血的人自杀率较低。

日本人对血型的痴迷程度与星座差不多，这说不定无意中避免了对遗传信息蕴藏的风险的轻视。

意念训练对减肥有效？

意念训练在运动训练中是一种有效的方法。相比毫无章法的训练来说，在脑海中想象出理想的运动状态会提高实际的训练效率。

在运动心理学这一领域，进行过很多对意念训练的效果的研究。

举一个有趣的例子。将受试者分为三组，分别为：①不进行意念训练，只进行运动训练；②先观看专业运动员比赛再进行训练；③在脑海中模拟自己的身体动作之后再进行训练。结果发现在这三组中，最后一组受试者的成绩最好。

其实，意念训练不仅对运动有效，对减肥也有效，这一点让我感到十分惊讶。

《科学》杂志（2010 年 12 月）刊登了美国卡内基梅隆大学的摩尔维治博士所进行的一项研究。这项研究表明，只要在脑海中想象自己已经吃过了某种食物，就会降低对这种食物的食欲。

　　这项实验使用了巧克力和奶酪。研究者对超过 50 名受试者进行测试,结果发现只要让受试者想象自己已经吃过了 30 个巧克力或奶酪,他们实际的摄食量就会降低一半左右。人们通常会觉得,想象好吃的食物会流口水,食欲不是应该增加吗?所以这也正是这项研究的结果令人感到惊讶之处。

　　说不定,想象食物本身和想象吃掉食物这个行为,这两者所产生的精神作用是完全不同的。

　　人类的想象力还真是奇妙啊!

5 女性不擅长表现自己?

在论文的撰写风格方面，男性和女性有多大的差异呢？德国曼海姆大学的勒兴穆勒博士等人于 2019 年底在《英国医学杂志》上发表了一项研究。该研究对 2002 至 2017 年间在医学类、生物学类专业期刊上发表的 620 万篇学术论文进行了分析研究，研究规模可以说十分庞大，几乎涵盖了这两个专业领域的所有论文。

现代科学研究通常都是以团队形式来完成的，因此几乎所有的论文都有多名作者。在这些作者中，最值得关注的通常是第一作者和最后的通讯作者，因为按照惯例来说，第一作者是实际进行实验的人，而通讯作者则是领导该研究的"老板"。

在勒兴穆勒博士等人的研究中，第一作者和通讯作者都是女性的团队被归类为"女性研究团队"，而研究的目的是对比女性研究团队和其他研究团队之间的论文风格以得到其中的差异。

在研究结论中，最值得注意的是女性研究团队的自我表现程度较低。例如，她们使用"没有先例的""显著的""独特的"等积极宣扬研究成果意义的单词的频率较低。其中使用频率差异最大的单词是"崭新的（novel）"，相比其他研究团队来说，女性研究团队使用这一单词的频率要低 59%。

勒兴穆勒博士等人认为，"论文自我表现程度弱会导致女性失去一些获得职位的机会"。虽然我觉得这个推论有点过于跳跃，但的确有数据表明，使用了这些积极表现词汇的论文被引用率会提高 10% 以上，所以我也不能说这个推论是错误的。

说起来，就"还是我更厉害"这种好胜心来说，从小学开始就是男生要强很多吧。

彼得原理——公司高层会被无能的人占据？

你知道"彼得原理"吗？这是由加拿大心理学家劳伦斯·彼得于 1969 年提出的一个观点，他认为"公司高层会被无能的人占据"。1970 年，加拿大英属哥伦比亚大学的朱利亚斯·凯恩博士利用计算机模拟证明了彼得的假说在数学上是正确的。

人们通常认为优秀的人才会获得晋升机会，因此可能会对这一说法感到不可思议，但其实原因很简单——问题在于任何有才能的人都能获得晋升机会的这种自由竞争机制。每个人的能力都有极限，在经过数次晋升之后，就会达到自己的能力极限，从而停止晋升。结果就是，所有员工都会停留在自己刚好胜任的那个位置上。这就是彼得原理的精髓所在。

在学校班级这种人人平等的环境中，不会产生这样的问题，但在公司这种有层级结构的组织中，彼得原理就会变得无法避免。对于有实力的大企业来说，可以采取在各部门同级职位之间调动的方式使员工能力不足的概率最低化；但中小企业并没有这种试错的空间，特别是如果无能的员工在高层掌握人事权的话，负面影响就会急剧放大。有一些企业甚至会被彼得原理的恶魔吞噬而覆灭。

最近，意大利卡塔尼亚大学的普尔奇诺博士通过严密的数学模拟证明，要规避彼得原理，提高组织整体的生产力，可以采用两个方法：①随机晋升；②让能力最强的人和能力最弱的人同时晋升。这两种策略都很反直觉，但是采用"优秀的人才会得到晋升机会"这种机制就无法规避彼得原理，现实可能就是如此出人意料。

精英人士对不平等更宽容？

精英人士对不平等更宽容——这是 2015 年美国学术期刊《科学》上发表的一项研究结果。

该论文的作者是美国波士顿大学的经济学家雷蒙德·菲斯曼博士等人。他们对耶鲁大学法学院的 208 名研究生（超精英人士）进行了研究，并将他们的气质与加州大学伯克利分校的学生（精英人士）以及普通市民进行了比较。

在实验中，受试者会得到一定数量的金钱，并可以将得到的钱自由地分成两部分：一部分留给自己，另一部分捐献出去。通过设定不同的条件来观察金额分配的结果，就可以判断出受试者的决策更倾向于利己还是利他。

实验结果表明，耶鲁大学的研究生更倾向于追求最高的投入产出比，他们减少捐献金额、增加自留金额的倾向是普通市民的 2 倍左右。而加州大学的学生则位于耶鲁大学研究生组和普通市民组之间的中间位置。

对于 "你更支持民主党还是共和党" 这种与公平性无关的问题，耶鲁大学的研究生中有九成支持（被认为是种族公平性较高的）民主党。

这个研究并不能说明到底是精英导致了不公平，还是因为对不平等的宽容让他们成为了精英。不过，他们很可能在大学的课程中接触到了不平等的社会实例，并在深入讨论中扩大了对不平等的心理容忍范围。

这些精英人士将来从事的职业大概率会具有较大的社会影响力，因此这项研究的结果是不可忽视的。实际上，政府中参与政策制定的人大多数出自这些精英大学。

菲斯曼博士等人认为，"这些人在制定政策时会因更加重视效率而忽视社会感受"。

星座并不是毫无道理的？

"父母的性格会遗传给孩子"，听到这一观点后，你感到惊讶吗？从周围来看，亲兄弟的性格往往都很相似，因此遗传因素或多或少对性格是有影响的。从本质上说，这一事实意味着存在能控制性格的 DNA。

实际上，人们已经确定了一些与性格相关的基因。香港科技大学的周恕弘博士于 2010 年 11 月报告的多巴胺受体 "D4 基因"就是一个典型的例子。D4 基因分为 2 型和 4 型两种，具有不同基因型的人性格会有所差异。

这种性格差异能够在两个人分配金钱的 "最后通牒博弈"中体现出来。最后通牒博弈的关键是接受还是拒绝对方提出的分配方案。如果拒绝的话，两个人都会分不到钱。平均来说，对方 70% 自己 30% 这样的分配比例是双方都能够接受的底线。

有趣的是，D4 基因会影响令人感到不公平的分配比例的底线。具有 2 型基因的人更顺从，即使双方分到的金额有些许差距也能接受；而具有 4 型基因的人则对不公平更为敏感，对分配给自己的金额比例的要求也会更高。

周恕弘博士的研究结果中引起关注之处在于，他不仅研究了基因的差异对性格的影响，还研究了性别以及出生季节对性格的影响。研究结果表明，对于同为 4 型基因的人，对不公平分配表达强烈不满的多为夏季出生的男性以及冬季出生的女性。

看了这个数据之后觉得"原来星座也不是毫无道理的"，应该不止我一个人吧。

警犬和缉毒犬——"狗狗的嗅觉比人类灵敏一亿倍"是真的吗？

说起嗅觉灵敏的动物，大多数人首先想到的应该都是狗狗。

有一种说法称，狗狗的嗅觉比人类灵敏一亿倍，所以它们才能从事警犬和缉毒犬的工作。

不过，作为一名脑科学研究者，我对这种说法表示怀疑。毕竟狗狗和人类嗅上皮细胞中的"嗅觉感受器"是同一种类型的，凭什么狗狗就能感受到浓度相差一亿倍的分子呢？

其实，"狗狗嗅觉灵敏"这个说法，是出自解剖学家布罗卡1879年的一部著作，后来这一说法在未经批判的情况下流传了下来，演变成了现在这个"都市传说"。

2017年，美国罗格斯大学的麦甘博士对狗狗的嗅觉重新进行了验证。结果和我预想的一样，人类和狗狗对气味的敏感度差不多。虽然人类和狗狗所擅长区分的气味种类有所不同，但"狗狗比人类的嗅觉灵敏"这个说法显然是错误的。

那么，为什么机场的缉毒犬能够找出藏在旅行箱中的毒品呢？原因很简单，是因为鼻子凑得很近。凑得那么近去闻，就算是人也能闻出毒品的气味。但是对于人来说，长时间闻气味是很辛苦的，而且人也会在意周围其他人的目光，这种工作方式太羞耻了，那就交给狗狗来做吧。这就是缉毒犬存在的原因。

那警犬又是如何呢？ 2021 年，美国学术期刊《科学》上的一篇文章指出，"用警犬进行搜查造成了很多冤案"。可见，并没有确凿的科学证据表明警犬能够探查出犯罪证据。

《科学》期刊的文章指出："就是说，我有一个（很多人普遍相信）鼻子很灵的'专家'也是没法证明什么东西的。"

在日本，也有一些案件的证据因经警犬辨别气味所得而在效力方面产生过争议，但就目前来说，用警犬辨别气味来替代物证依然是被法律所认可的。

证明科学假说"无法复现"的研究

　　欧洲神经精神药理学学院发布了一则公告，对能够证明过去的实验数据以及现在被广泛接受的科学假说"无法复现"的研究给予1万欧元的奖励。类似地，国际人类脑图谱组织也对针对过去数据的重复验证的研究（无论成功与否）给予2000美元的奖励。之所以会采取这些行动，是因为2015年发表的一篇极具冲击力的论文，该论文指出："超过一半的心理学研究成果都无法被其他实验室的研究者复现。"

　　科学是在观点和观点的碰撞中进步的。如果过去的观点有误，那么在此之上发展出来的后续观点的意义也会大打折扣。当然，像"STAP细胞造假事件"这样的学术不端行为另当别论，即便不是恶意造假，观点本身也可能包含错误——由于实验技术的限制会导致数据解读错误，或者是存在统计分析的漏洞（实验者并不一定具备专业的数学知识）等。

　　而且，只有第一个发现才能被称为"发现"，这是科学所特有的宿命，也是科学的一种"罪恶"。这意味着第二个发现者在竞争中失败（当然，对同一现象的可重复性实验还是有意义的），也就很难发表论文。也就是说，只看已发表的论文，很难判断哪篇论文具有可重复性，哪篇论文不具有可重复性。

此外，当实验结果与假说不符，或者没有得出有意义的结果时，研究者也会没有动力发表论文。而如果这位研究者的研究没有公开，那么其他研究者就可能还会做同样的实验，遭遇同样的失败，从而造成资源的浪费。

科学是建立在"偶然发现"的基础之上的，本来就会有很多工作是无效的，但这种人为原因会使得这种无效工作进一步增加。所以，希望本文开头所提到的奖励制度能够为解决这一问题发挥投石问路的作用。

科学正确与社会正确是两码事

第 1 题：电子比原子更小。

第 2 题：大气中的氧气来自植物。

第 3 题：天然番茄中不含有基因，转基因番茄中含有基因。

通过上述这样的科学判断题的回答正确率，可以判断一个人的科学素养。如果在此基础上提问："你对转基因作物的态度是支持还是反对？"，会发现科学素养较低的人反对转基因作物的比例较高。这是美国科罗拉多大学的弗恩巴赫博士等人在美国、德国和法国进行调查的结果。此外，通过调查还发现，科学素养较低的人往往会对自己的科学知识很有自信。根据另一项在美国进行的调查，88% 的科学家认为"转基因作物对健康没有危害，可以食用"，但普通人中只有 37% 会对支持转基因作物给予肯定的回答。

一般来说，转基因作物会以口味更好，个头更大，抗虫害能力更强为目标进行改良。此外，还可以提高单位面积产量，降低耕地需求，有利于保护环境。但是，"既然好处这么多，那就别犹豫了，赶快引进转基因作物吧"这样的观点也是武断的。因为科学正确和社会正确是两码事。例如，"近距离看电视对眼睛不好"并没有充分的科学依据，但也并不意味着我们就可以近距离看电视。因为"对眼睛不好"这个说法已经深入人心，并无法轻易消除。在这样的现状下，如果你看电视离得很近，就会引起别人的注意，被别人批评，让周围的人感到不愉快，无论是对自己还是对家长来说，由此产生的负面影响都比近距离看电视本身更大。

离远一点看电视，说起来就和"晚上不要剪指甲""晚上不要吹口哨"一样，是一种社会礼仪，与科学上的对错完全是两码事。看了之前的调查论文，我深刻地感到转基因作物在本质上也是同样的社会问题。

**为什么科学数据和事实无法战胜人的
情感？**

人是由情感驱动的。

作为一名科研工作者，我也想更加看重事实，但在真实社会中，"科学的真相"往往无法战胜"社会的真相"。即便在科学上是正确的，但如果社会从生理上无法接受，就会遭到拒绝。所以，相比科学数据和事实来说，"从感性上怎么想"更加重要。

如果你觉得疫苗很可怕，那么哪怕大脑充分理解了疫苗的有效性，你还是会纠结要不要接种。你可以告诉自己"理性一点"，却很难让自己的身体彻底摆脱情感的控制。

将情感放在比真相更重要的位置上，这样的思潮近年来有愈演愈烈的趋势，这种思想被称为"后真相"。这个词是由美国作家史蒂夫·特西奇提出的，他指出："尊重事实的态度已经过时了。"

后真相是最近才出现的思潮，还是由来已久呢？似乎并不能给出一个严谨的定论。我希望能够通过数据来进行判断。

　　《美国国家科学院院刊》上刊登过一篇趋势分析论文，作者是荷兰瓦格宁根大学的博伦博士等人。他们对过去 170 年间出版的书籍和新闻报道中所使用的单词进行了分析。19 世纪初，像"相信""美丽""惊讶""奇妙""沮丧"等与情感和印象相关的单词使用得非常频繁；而到了 20 世纪初，这些感性单词的使用频率降低，"控制""结果""技术""开发""率""单位"等客观性单词的使用频率上升。这是因为 20 世纪初，科学技术带动了社会的发展，社会也在寻求"理性的人格"吧。

　　到了 20 世纪 80 年代以后，感性单词的使用频率再次上升，2007 年以后已经达到了比 19 世纪初更高的水平。这说明重视情感的"后真相"思潮的确正在兴起。

　　"冷静下来""理性一点"，这样的态度已然成为过去的遗物。现在已经到了一个"自己的感受具有至高无上的价值"的时代。那么，在这样的时代，科学家又该怎样做呢？

第 3 章

用数学证明"村八分"的本质

用数学证明"村八分"的本质

"村八分"是一个日语词汇，是指大多数人排挤、霸凌、歧视一小部分人的行为。仅凭借劝说、矫正等外部力量的介入很难真正解决问题。尽管大家都知道"村八分"会使人受到伤害，但无论在什么时代和地域，无论在什么样的团体中，这一现象总是存在。实际上，"村八分"并不是一种有意造就的现象，而可能是伴随团体的本质所产生的副作用。

上述的推测已经在数学上得到了证明。韩国蔚山科学技术大学的金博士在学术期刊 *PLOS ONE*（2014 年 4 月）上发表了一篇论文，使用非常简单的计算机模拟对这一问题进行了证明。

该模拟规则非常简单：假设在一个虚拟世界中有一大群人，这些人的行动目的是加入与自己爱好相似的团体，爱好相似的人聚集得越多，这个团体的吸引力就越强。开始模拟后，人们会形成若干个小组，然后团体的规模逐渐变大，最后就会剩下一些不属于任何团体的少数派，被"整个社会"孤立出来。

到底谁会成为牺牲者并没有特定的理由，团体中的某个成员在没有任何征兆的情况下就会被孤立，且一旦被孤立，情况就会单方面急转直下，难以挽回。

需要注意的是，在这个模拟中，没有任何人怀有"让某个人被孤立"的恶意，每个人都怀着"温暖的心灵"，只是想要和与自己相似的人在一起而已。但这种社会中的相互作用却必然导致孤立的发生，于是就产生了"村八分"的现象。

金博士还揭示了一件更重要的事。如果有些人不明确表示自己的爱好，而是出于利他的动机努力让团体中的成员之间关系更融洽，那么团体会变得更大更坚固，但令人意外的是，这个利他的人反倒会变成被孤立的对象，最终在社会中失去容身之地。由此可见，明确表达自己的意见要比想象中更加重要。

队列研究——对团体进行跟踪并充分利用获得的数据

"队列研究"的规模正在变得越来越大。所谓队列研究，是指通过对团体进行跟踪调查，然后对某种因果关系做出判断，例如某种特定的原因是否会引发某种特定的疾病。通过扩大跟踪人数和延长跟踪时间，就可以捕获一些很容易被忽略的微小影响。人们曾经通过队列研究，发现了吸烟与肺癌之间的关系，当然，队列研究有时也会得出一些颠覆我们认知的结果。

以英国西部的布里斯托市为中心开展的 ALSPAC 项目（这是一项关于儿童成长研究的项目，该项目对儿童从出生前就开始跟踪，同时积累相关基因组信息，是全球最大规模的队列研究项目之一）就得到了一些令人意外的结果，我在这里向大家介绍其中两个。

第一个是关于儿童在成长过程中接触含有暴力元素的电子游戏。尽管舆论经常将青少年犯罪的诱因指向电子游戏，但研究结果却意外地表明，儿童玩含有暴力元素的游戏，并不会增加其暴力倾向。不仅如此，他们的学习成绩、精神疾病的患病率等指标也都处于平均水平。总而言之，没有发现暴力游戏会对儿童成长产生任何影响。

第二个是关于孕妇的饮食。金枪鱼、三文鱼等鱼贝类富含DHA 等对身体有益的成分，但同时也含有大量的有机汞等有毒物质。因此，很多国家在官方指南中建议"孕妇应尽量避免食用鱼贝类"。然而，在对儿童在 8 岁时的学习能力进行调查后发现，孕期大量吃鱼贝类的母亲所生的孩子，其语言智力指标较高，这说明鱼贝类的营养价值超过了其毒性。

人们的固有观念是根深蒂固的。希望我们将来能够继续通过慎重的大规模队列研究，对社会广泛流传的一些说法的可信度进行验证。

集体智能——一个复杂的动态系统

假设在一场知识竞赛中向选手提出下面这样的问题：

"埃菲尔铁塔的高度是多少米？"

"FIFA 南非世界杯的总进球数是多少个？"

在这样的竞赛中，如果想用一个 20 人的团队击败 5000 名选手的话，应该采用怎样的策略呢？阿根廷托尔夸托迪特利亚大学的纳瓦亚斯博士等人对此进行了实际验证。结果非常简单，对收集到的回答使用"装袋算法"[①]进行处理，相当于进行分小组讨论，就能够赢得胜利。不过，在《自然：人类行为》杂志上发布的详细实验数据却非常耐人寻味。

纳瓦亚斯博士等人招募了 5180 名受试者来参与实验。首先，让受试者独立回答问题，然后计算这些答案的平均值。接着，将受试者每 5 人分成一组进行小组讨论，然后计算每个人答案的平

---

① 装袋算法（bagging algorithm）又称引导聚集算法，是机器学习领域的一种群体学习算法，通常用来提高其他学习算法的准确率和稳定性。

均值。结果发现经过小组讨论之后的答案更接近正确答案。

如果一个小组中有人知道正确答案的话,那么这个结果就是理所当然的,但即便小组中没有人知道正确答案,通过小组讨论也可以向正确答案靠近。这就是被称为"集体智能"的复杂动态系统。

纳瓦亚斯博士等人研究的意义是对"集体智能"的效果进行了量化。例如,将 20 人分成 4 个组,每组 5 人,就能够超过所有受试者的平均水平。也就是说,只要让 20 人进行小组讨论,就可以战胜 5180 人的大规模团体。有趣的是,当小组数量超过 4 个时,成绩并不会继续提升。换言之,超过 20 人是对人力资源的浪费。

值得注意的是,如果在小组讨论之后打乱各组的成员,组成新的小组再进行讨论,则成绩还能进一步提升。

"多样性"是真的有益，还是只是一种肤浅的口号？

人是一种社会性动物，会形成学校、邻居、家庭等各种各样的团体。近年来，有一个关键词引发了很多讨论，就是"多样性"。多元化、男女共同参与、全球化、跨学科等概念都是在强调团体的多样性，即通过集合不同的意见来尝试产生"集体智能"。

不过，多样性是不是真的有益呢？有没有可能只是一种毫无根据的肤浅的口号呢？美国密歇根大学的奥利维拉博士等人通过对多种情境的分析和模拟，证明了一个令人非常遗憾的事实："多样化团体相比同质化团体几乎不会做出更准确的判断。"

要让多样化团体发挥其集体智能，需要满足三个条件。奥利维拉博士等人给出的条件如下：

①社会认同能够对判断进行预测；

②上述预测的效果具有适当的规模；

③社会团体的平均估计完全包含判断对象的真相。

　　奥利维拉博士等人指出，这三个条件在现实社会中几乎是无法满足的。

　　当然，也会存在偶然满足这些条件而获得成功的团体。虽然媒体会对这些稀有案例进行报道和赞扬，但贸然模仿这样的成功案例是无法获得预期效果的。

　　除了集体智能之外，多样性还有其他一些好处，它能够产生对抗外部干扰的"鲁棒性"。反过来说，只有在这种严酷的场景中才能体现出多样性的好处。因此，只是出于"有备无患"的目的去投资多样性，这样的做法是否值得是有待商榷的。

什么是富裕？——降低幸福感的"时间贫困"

贫困可以分为多种类型。一般大家所理解的贫困指的应该是物质上的贫困，也就是没有足够的金钱、物资等。

物质贫困会降低幸福感、健康水平和生产力。人们自古以来就认识到了贫困的负面影响，近年来全世界都在努力完善和支持福利体系，以提高人们的生活质量。

另一种贫困是即便人们实现了经济上的富裕，也无法改善忙碌的生活状态。这就是时间贫困。

美国经济学家理查德·伊斯特林在40多年前就提出过时间贫困的问题，他指出："过去几十年来，经济产生了切实的增长，但国民的幸福感几乎没有发生变化。"就现在来看，物质的富裕依然没有转化为时间的富裕。

时间贫困也会显著降低幸福感和生产力，却没有相应的救济体系，相比之下，针对物质贫困国家每年都会落实数十亿美元的经济政策，这形成了鲜明的对比。

近年来，线上办公的工作模式开始流行，这从一个新的角度对时间贫困进行了救济。尽管相应的基础设施和工作制度并不完备，但很多人确实因此从通勤和差旅中解放出来，时间贫困得到了一定的缓解。随着远程工作制度的进一步完善，物质贫困和时间贫困可能都会得到很大的改善。

不过，还有一种不能忽视的贫困，那就是社会关系的贫困。一直以来，城市化、自动化、核心家庭化造成了人际关系的稀释。而如今的线上化潮流将进一步稀释人际关系，加剧社会关系的贫困。

什么是"富裕"？这是如今的时代无法回避的一个问题。

"悠闲的生活"幸福吗？——反不劳而获效应

我在工作中经常需要连续观察小鼠的行为。一般来说，我们会在盘子里放上食物，小鼠随时可以过来食用，但如果放上一个按下操纵杆食物就会出来的装置，它们也能很快学会熟练地按操纵杆。那么，如果同时给小鼠提供两种食物，一种是直接放在盘子里的食物，另一种是按下操纵杆才会出来的食物，小鼠会选择哪一种呢？

尝试一下就可以得出结论：选择按下操纵杆的频率更高。这是因为相比不用费力就能得到的盘子里的食物来说，通过完成任务所得到的食物具有更高的价值。

这种现象被称为"反不劳而获（contrafreeloading）效应"。这种效应在动物界非常普遍，狗狗、猴子，甚至是鸟类和鱼类都存在这样的现象。人类也不例外，特别是学龄前儿童，几乎100%都会选择去按下操纵杆。对于同样的玩具，通过扭蛋之类的装置得到它会让儿童更加喜悦。但是，这一现象会随着成长而淡化，在大学生中，对两种方式的选择就是五五开了。尽管人们会重视得到东西的效率，但也并不仅仅是追求利益。

看了这个实验数据，我不禁开始思考劳动的价值。谁都想过"悠闲的生活"，但假如有一天真的过上了这样的生活，人们真的会感到幸福吗？

在"团块世代"①集体迎来退休的 2007 年之后，很多人因为突然不用工作而感到空虚，导致压力积累，这种"退休综合征"引发了社会热议。通过劳动获得的薪水，和不劳而获的退休金，虽然都是一样的钱，但它们的价值是不同的。

顺便说一句，唯一没有在其身上观察到"反不劳而获效应"的动物是猫咪。

猫咪是彻底的现实主义者，它们才不会花费力气去按操纵杆。

---

① "团块世代"一词出自日本作家堺屋太一的同名小说，指的是在战后的 1947 ～ 1949 年日本"第一次婴儿潮"期间出生的一代人，人数大约为 810 万。

7 有钱人会变得更有钱的"马太效应"

日本有一种说法叫作"钱往一边跑",意思是说,钱总是往钱多的地方聚集。这一现象在专业领域称为"马太效应"。

从实际来看,事业成功的人遇到更多的机会和好运的概率也会更高,而如果事业一次都没成功,后面也会更难成功。这种差异的积累就是资本主义的原理。

那么,"马太效应"在我们的社会中有哪些具体体现呢?现实社会结构中存在各种相互关联的复杂因素,难以对"马太效应"进行严谨的量化。所以在这一点上,科研领域算是一个绝佳的研究案例。基础科学研究不需要追求盈利,不适用于一般的经济学原理,因此可以更加纯粹地对"马太效应"进行观察。

做出优秀的研究成果会让下次申请研究经费变得更加顺利。根据美国哈佛大学的波尔博士等人对研究经费获得情况的调查结果,在某个时间做出成果的研究者,其未来 8 年间平均可以获得两倍的研究经费。有了充足的资金,就可以招募到优秀的研究者，从而更容易做出新的成果。这就是"马太效应"。

波尔博士等人提出了一个重要的观点。研究经费之所以会产生这样的差异，除了经费审批者公平与否有待考量之外，其实还有另一个原因，那就是没能做出成果的研究者可能不会再次申请经费。这种"反正也不会批下来"的消极姿态使得"马太效应"进一步扩大。

商业领域也是一样的。事业失败的人如果放弃努力的话，就不可能得到新的机会和投资，从而陷入恶性循环。

是谁引发了潮流？

时尚服装、热卖商品、流行词汇……潮流总是毫无征兆地袭来，然后又悄无声息地退去。在复杂的信息网络中，到底是谁引发了潮流呢？美国学术期刊《科学》刊登了美国纽约大学的阿拉尔博士等人的一项研究，这项研究试图寻找引发潮流的那个关键人物。

阿拉尔博士等人以社交网站"脸书"作为调查对象。近年来，"脸书"的用户数量快速增加，而且其用户大多公开了真实姓名、性别和年龄，因此适合进行精确的跟踪调查。

阿拉尔博士等人在社交网站上有意传播了关于 7000 多件商品的"流言"，并对这些信息如何在人群间传播进行调查，他们在 44 天中一共监测了 130 万人。通过利用统计学将用户按"有影响力的人"和"容易受到影响的人"进行分类，他们发现了以下倾向：

①信息在同年代的人之间更容易传播；②大龄（31 岁及以

上）用户比低龄（30 岁及以下）用户具有更大的影响力；③男性比女性感受性更高，更容易接受信息；④相比男性对女性和女性对女性来说，女性对男性产生的影响更大；⑤以上倾向在正在交往的男女之间尤为显著，但在已婚男女之间则会减弱。

也就是说，未婚男性更容易受到他人的影响，他们更多地扮演了传播信息的角色（值得注意的是，扮演这一角色的并非通常被认为"爱八卦"的女性）。

除此之外，研究结果还指出，具有影响力的人不容易受他人影响，影响力强的人之间即便不直接认识，也可以通过人脉而形成一个团体。即使个体没有影响力，只要周围聚集了有影响力的人，就会成为潮流的引爆点。

如果仔细研究这篇论文，说不定真的能获得一些提升广告和传播策略效果的启示。

9 对艺术价值进行量化的挑战性研究

艺术价值是很难进行评价的。因为对于艺术，无论是表达还是解释都并非千篇一律，创作者和鉴赏者的感受也是不同的。艺术是一种"偏好问题"。

另一方面，艺术也是一种在意识到他人眼光的前提下进行的社会行为。如果一个作品除了创作者之外没有人能够理解，那么人们也不会将其称为"艺术"。这种作品并不是曲高和寡，而只是一种单纯的自我宣泄而已，毫无艺术价值可言。艺术只有引起（至少是特定团体的）人们的共鸣，才可以被称为"艺术"。

那么，艺术价值应该如何量化呢？美国东北大学的巴拉巴西博士等人在《科学》杂志上发表了一种从数学上测量艺术家社会价值的方法。

巴拉巴西博士等人对 50 万名艺术家的作品于 36 年间在展览会、画廊、拍卖会等活动中展出的情况进行了跟踪统计。然后，根据每个作品的"巡回"网络，就可以找出一些"中心地"。像纽约现代美术馆、古根海姆博物馆等就是典型的中心地。

　　意料之中，艺术家的声誉与作品和中心地的距离有关（这里的距离指的并不是地理上的距离，而是作品网络中的距离）。实际上，在艺术生涯早期就靠近中心地的艺术家，他们的社会声誉不容易下滑，相对地，距离中心地越远的艺术家其艺术生命就越短。也就是说，这种测量方法可以预测艺术家的发展潜力。

　　对艺术进行量化是一种非常具有挑战性的研究，但"与中心地的距离"这个概念有可能也适用于政治家、科学家等其他各种职业。

10 缓解交通拥堵的最优和次优策略

"缓解交通拥堵的最优策略是否为根据交通流量收费",专家们正在就这一问题进行激烈的讨论。

在美国,平均每人每年会因为交通拥堵浪费 42 小时的时间。交通拥堵不仅会给人带来心理压力,还会造成严重的物流延迟。据估计,交通拥堵在美国、英国和德国造成的经济损失总计高达 4.61 万亿美元。而且,车辆在交通拥堵时所消耗的燃料比正常行驶时平均高出 80% 以上,这对环境也会产生危害。

通过人工智能进行导航是缓解交通拥堵的策略之一。最新的 GPS 对车辆的定位可以达到厘米级精度,在此基础上可以根据路况为每辆车分配最优路线。如果能避免车辆集中在某些特定道路上,就可以提高城市整体的通行效率。但是(即便在拥堵时能够更早到达目的地),驾驶员会产生一种绕远路的错觉,因此有些人不会听从导航软件的指示。

次优策略是完全自动驾驶。相比人类来说,机器能够更高效地利用道路空间，因此有希望解决交通拥堵问题。但是，有计算指出，自动驾驶一旦普及，很多平时不喜欢开车的人也会上路行驶，导致交通流量增加，因此自动驾驶也不一定能缓解交通拥堵。

于是，动态收费机制成为了下一个被寄予厚望的策略。

在斯德哥尔摩和新加坡，已经实施了按时间动态收费的规定，但收费机制本身是固定的，因此并没有达到预想的效果。要解决这一问题，可以通过监测交通流量对费用进行实时、精细的调整，这样一来驾驶员就可以实时避开拥堵的道路了。

虽然要实现这一机制需要建设相应的基础设施，但这一机制的价值还是不容忽视的。

电子烟真的有益吗？

　　日本成年人的吸烟率为男性 29%，女性 9%。尽管和美国、澳大利亚相比还处于较高水平，但已经比过去降低了很多。吸烟率降低的原因，除了吸烟对健康的危害得到了社会广泛的认知以外，还与尼古丁替代设备的普及有关。

　　其中，"电子烟"的市场规模迅速扩大，现在已经开发出第三代电子烟，行业规模超过 1500 亿美元，其渗透率远远超过了当初的预计。2019 年，某医学专业期刊发表了一项调查结果，称"与其他尼古丁替代疗法相比，使用电子烟戒烟的成功率要高 1.8倍"，进一步引发了人们对电子烟的关注。

　　然而，电子烟真的有益吗？首先看看副作用。关于电子烟的致癌性存在各种各样的研究数据，但并没有形成完全统一的结论，主流观点仍认为电子烟"没有致癌作用"。尽管如此，由于电子烟中含有大量的尼古丁，因此其造成心脏病和脑卒中的风险比传统香烟要高。此外，尼古丁具有很强的成瘾性，电子烟成瘾也会产生新的社会问题。

　　更加值得关注的问题是年轻人对电子烟的滥用。原本不吸烟的人开始使用电子烟的例子不断增加，在美国，青少年使用电子烟的人数一年来翻了一倍。在尝试过尼古丁的滋味之后，很多年轻人反向转移到传统香烟，这与电子烟原本的目的背道而驰。

　　日本的情况有所不同。在日本，电子烟所使用的尼古丁液体受药品和医疗器械相关法律的监管，并不能自由销售和购买，因此"加热式电子烟"是日本市场的主流产品。加热式电子烟更像是一种流行时尚，有研究指出其有害性和被动吸烟的风险与传统香烟没有显著差异，因此在有些国家是禁止使用加热式电子烟的。

12 新人教师需要多长时间才能发挥其能力？

学校教育的现状在不断发生变化，这也让教师人才短缺的问题备受关注。占中小学教师约四成的经验丰富的 50 岁以上教师即将面临退休。仅东京都的公办学校中，每年就有约 2000 教职员工离开工作岗位。

为了解决人才短缺的问题，只能大量招募年轻教师。1999 年，日本公办小学教师招聘考试的报录比为 10∶1 以上，而到 2009 年仅为 2.6∶1，近些年甚至还会发生补招的现象。再加上教师职业在日本不受欢迎，全国范围内教师质量下降的问题已并非危言耸听。

学生的学习水平不仅与本人的学习意识有关，还会受到家长、校风等各种因素的影响。根据近年的调查，任课教师的能力是影响学生学习水平的关键因素之一。教育水平会在数十年后影响国家的发展，可以说教师人才是左右日本未来的重要因素。

这个问题并非只是在日本存在，在美国更加严峻。教师从业年数的众数在 1988 年是 15 年，到 2008 年却下降到只有 1 年。可能是超乎想象的劳动强度打击了从业者的积极性。据说在开始从业的 5 年内，会有大约一半的教师选择辞职。

新任教师要经过多长时间才能充分发挥其能力呢？最近，美国北卡罗来纳大学的亨利博士等人发表了一项对美国公办高中的教师的大规模调查结果。

调查结果显示，新人教师只需要 4 年的教育工作经验就可以达到足够的水平，也就是 25 ~ 30 岁左右。相比文科教师来说，理科教师的成长速度更快。

顺便说一句，5 年内就选择辞职的教师，其实在最开始的第一年就已经表现出在教育能力方面的差距了。

第 4 章

尝试提高心理推测能力吧

高心理负荷的读书活动有助于提高心理推测能力

人类非常重视人际关系。我们会观察对方的情绪和行为，并随时做出恰当的回应。这种"关切"成为了社会的润滑剂。尽管一部分野生动物也会形成社会，但"对对方抱有长期的期待"是人类所特有的行为。自己会揣测对方的心理并做出行动，那么便会自然而然地期待对方也这样做。

尽管本人不一定会察觉，但的确有些人擅长待人接物，而有些人则不擅长。那么，揣测对方心理的能力能不能通过锻炼来提升呢？《科学》杂志（2013 年 10 月）上发表了美国新学院大学的基德博士等人的一项研究，该研究的主题为"读小说是有效的"。

基德博士等人让数百名参与实验的受试者想象各种处境下的人，并推测这些人的情感。有趣的是，在测试前阅读了短篇小说的受试者，其测试成绩会提高 5% ～ 10%。

但需要注意的是，并不是阅读所有的小说都有效，而是只有阅读那些得过文学奖的格调高雅的文学作品才有效。大众流行的侦探小说和爱情故事所使用的语言十分通俗，所有人都能读懂，因此读者在阅读时的思考负担较小。相对地，高雅的文学作品中包含大量的隐喻、双关等"艺术性"的表达元素，读者在阅读时需要在脑海中想象对应的场景。基德博士等人认为，这可能有助于训练揣测心理的能力。

哲学家埃德蒙·柏克曾说过："读书而不思考，犹如进食而不消化。"

秋天是读书的季节，也是一个通过高心理负荷的读书活动来提高心理推测能力的最佳季节。

2 **凭直觉做出的判断偏好更稳定，也更
利他**

在挑选商品时，人们会依据怎样的原则，花费多长时间来做
出判断呢？

其中一个选择原则是"偏好一致性"。例如，如果要购买一幅
昂贵的画作挂在房间里，那么久看不厌这一点就非常重要。这在
潮流快速变化的时装界也是一样的，如果要购买一件衣服，哪怕
这件衣服明年不会再穿，也至少要选择当季会一直喜欢的款式。

偏好一致性从何而来呢？人们一般会认为"经过深思熟虑之
后做出的选择会更稳定"。然而，最近的心理学研究显示，实际
情况并非如此。下面我们来看看荷兰拉德堡德大学的戴克斯特豪
斯博士等人所做的一项研究。

戴克斯特豪斯博士等人设计了若干巧妙的实验，发现越是深
思熟虑则偏好越不稳定，这表现出一个人的爱好摇摆不定。他们
进一步发现，喜欢深思熟虑的人原本就具有偏好不一致的倾向，

而喜欢当机立断的人，其偏好则比较稳定。而且，当要考虑的项目越多、选择越复杂时，两者的差异越显著。

在这一研究的基础上，美国哈佛大学的兰德博士等人进行了另一项相关研究，得出了更加丰富的结论。对于愿意将多少钱捐给慈善机构的问题，能快速决定捐款金额的人，其捐款率也较高，而深思熟虑者往往会更多地考虑自己的利益。有趣的是，如果强行让深思熟虑者快速做出判断，那他们的捐款率也会上升。

凭直觉做出的判断偏好更稳定，而且会更倾向于做出有利于他人的行为。相对地，如果考虑得太多，就会违背自己内心的声音，而且会更有可能做出更加利己的行为。

原来如此，看来今年我应该学着当机立断，活在当下才行呀。

3 目标不清晰，心情也会不好

目标不清晰，心情也会不好——这是英国利物浦大学的狄克森博士等人的研究结果。该研究的出发点是在抑郁症患者身上所观察到的"过度概化"倾向。

推导一般规律的能力称为"概化"，这原本是大脑的一项重要功能。例如，如果你讲了一个笑话但是对方没有笑，你可能会想："是不是我选择的'梗'不好，让对方没理解呢？""是不是笑话的内容不合时宜呢？"。我们通过这种从一般性视角重新审视自身行为（也就是"概化"）的方式，就可以对下次的类似行为做出改进。而陷入抑郁状态的人则可能会想："别人是不是讨厌我？""我说的话原本就没有任何价值。"这就是一种过度概化的现象。

基于上述知识，狄克森博士等人对抑郁症患者在展望未来时所表现出的过度概化程度进行了验证。

在这项研究中，受试者需要在 90 秒的时间内，尽量多地写出自己要达成的目标。结果发现，健康人通常会设定一些具体的目标，例如"坚持每天练习 1 小时钢琴""半年内减重 2 千克"等；而抑郁症患者则倾向于设定一些模糊的目标，例如"钢琴弹得更好""变得更幸福"等。

模糊的目标所带来的成就感也较低。即便钢琴弹得更好了，也只会看到更高的目标，而得不到成就感，因为即便是专业演奏家对于自己的演奏技巧也永远是不满足的。幸福的标准很模糊，因此就难以判断是否达成了目标。总之，模糊的目标本身就是达成目标的"绊脚石"。

无法达成目标会导致自我厌恶，这会进一步引发负面情绪。狄克森博士等人表示："设定具体的目标是切断恶性循环的秘诀。"

4 人在受到关注时更愿意做好事

　　前英格兰职业足球运动员贝克汉姆的私人邮箱遭到黑客入侵，而贝克汉姆并没有按照黑客组织的要求支付赎金。结果，黑客组织公开了贝克汉姆的私人邮件，这些邮件的内容让他陷入了舆论的漩涡。

　　邮件内容明确显示，贝克汉姆担任联合国儿童基金会的形象大使并非出于善心，而是为了通过慈善活动获得公众认可，从而取得爵位。

　　民众普遍认为，这会导致贝克汉姆的公众形象崩塌，但也有人认为我们需要重新思考慈善的意义是什么。

　　慈善活动的状况在各国有很大的差异。根据英国慈善组织CAF 发布的世界慈善捐赠指数报告 2018 版，就过去 30 天内参与过慈善捐赠活动的国民占比来说，世界排名第一的是印度尼西亚（59%），第二名是澳大利亚（59%），接着是新西兰（58%）和美国（58%），日本（22%）位居第一百二十八名。

　　缅甸自 2014 年以来一直位居榜首，2018 年却跌至第九名，从 2017 年开始，缅甸的慈善捐献指数在捐款、帮助陌生人、志愿服务时长三个方面均有所下降，这说明参与慈善捐赠的人越来越少了。有观点认为，造成这一结果的原因之一是社会过分宣扬捐赠是一种美德，即"帮助别人的行为比利己行为更高尚"。

　　人在受到关注时更愿意做好事。实际上，如果在募捐时公布捐赠者的名字，捐赠者的数量就会增加。也就是说，人是有自尊心的，但适当的善举究其根本也是为自己而做的。如果忽视这种心理，一味地宣扬"无偿的爱"反而会引起负面效果。

　　在社会福利中，最重要的应该是"结果"而不是"动机"。这也许是现代慈善观念转变的一个契机。

5 参加会议和演讲时应该坐在会场的什么位置?

　　参加会议和演讲时应该坐在会场的什么位置呢? 对于这个问题, 可能很难得出一个严谨的结论, 但对于在学校教室上课这种系统性的情况, 有很多调查报告可以参考。结论就是, 应该坐在靠前的位置。

　　美国博林格林州立大学的本尼迪克特博士等人对 1.6 万名学生进行了调查研究, 他们将教室的座位分为前方、中间、后方三个区域, 然后对学生上课座位所在区域与他们的成绩之间的相关性进行了分析。

　　最显著的一个结果是, 经常翘课的学生成绩较差, 不过这是理所当然的。其次, 坐在教室靠前位置的学生成绩更好, 他们获得 "优" 的比例是坐在靠后位置的学生的约两倍。对这些学生本人, 用问卷的方式询问 "喜欢坐在什么位置", 也得到了相同的结果。也就是说, 相比座位的位置本身来说, 似乎学习意愿的强弱更能解释对成绩的影响。

　　不过，本尼迪克特博士等人强制让学习意愿不强的学生坐到靠前的位置后，他们的成绩提高了。其他大学的调查也表明，坐在靠前位置的学生更容易记住讲课的内容，这是因为距离教师越近，上课的参与感也越强吧。

　　这样的数据大多来自欧美的调查，那么日本的情况又如何呢？大阪齿科大学前教授西川泰央元博士等人在 2017 年也发表了相关的调查结果。令人感到意外的是，日本的结果和其他国家有所不同——成绩最好的学生并不是坐在靠前的位置，而是坐在中间以及靠后的位置。造成这一结果的原因不明，但西川泰央博士等人认为可能这些成绩好的学生中，性格内向的女生居多，如果让她们往前面坐，也许成绩还会更好。这似乎有点惋惜的意味在里面吧。

6 有焦虑症的人应该"把心中的不安写下来"

有一项研究为有焦虑症的人带来了好消息，也就是美国芝加哥大学的贝洛克博士发表在《科学》杂志（2011 年 1 月）上的一篇论文。

对于面临升学考试和比赛时应该如何消除紧张感，人们提出过五花八门的方法，有像深呼吸这样比较正常的方法，也有像"在手心画个圈然后吃下去"这样类似魔法的奇葩方法。之所以方法如此五花八门，大概是因为确实有很多人因为在正式场合没能发挥出自己的实力而感到懊恼吧。

话说回来，"一考定终身"确实会给人很大的压力，让人很难发挥出平时的实力。那么遇到这种情况该如何是好呢？贝洛克博士通过一个简单的实验回答了这个问题，其提出的应对方法就是"把对考试的不安写下来"。

贝洛克博士通过对 106 名高中生的期末考试的调查得出了上

述结论。在考试前给学生们 10 分钟时间，让他们把对接下来的考试科目中感到不安的部分具体地写下来。结果，学生的紧张感得到了缓解，成绩提高了 10%。

相对地，如果写下来的内容与考试无关，则不会产生上述效果，因此将心里的想法如实写下来是非常重要的。

不过，对于那些平时就不感到紧张的学生，即便将不安写下来也不会对成绩产生任何影响。

人的选择非常感性且没有逻辑

假设你开了一家咖喱店，菜单只有两个品类：

❑ 普通咖喱：1000 日元
❑ 特制咖喱：1500 日元

可能大部分客人会点比较便宜的普通咖喱。如果你想提高特制咖喱的销量以增加营业额，应该采用怎样的策略呢？最简单的策略就是增加一个选项：

❑ 普通咖喱：1000 日元
❑ 特制咖喱：1500 日元
❑ 极品咖喱：4000 日元

在给出以上这些选项的情况下，人们选择特制咖喱的心理偏好就会上升。通过加入一个昂贵的极品咖喱选项，就能让人感觉特制咖喱相对来说很便宜，这就是所谓"诱饵效应"。

美国麻省理工学院的艾瑞里博士等人做了一个有趣的实验。他们让经营管理学专业的学生订阅英国财经杂志《经济学人》。此时，如果提供以下两个选项：

❑ 仅订阅在线版：59 美元
❑ 同时订阅纸质版和在线版：125 美元

则选择同时订阅纸质版和在线版的学生占 32%。但如果增加一个选项，如：

❑ 仅订阅在线版：59 美元
❑ 仅订阅纸质版：125 美元
❑ 同时订阅纸质版和在线版：125 美元

则有 84% 的学生会选择同时订阅纸质版和在线版。将"纸质版"与"纸质版和在线版"设置成相同的价格，就会让人觉得后者非常超值。实际上，这样做的效果是非常明显的，只要增加一个诱饵选项，就可以让收入提升 40% 以上。

　　人的选择并不是理性的，而是非常感性的，有时甚至是完全没有逻辑的。所以在购物时，不能仅凭感觉来做判断，而是要具备怀疑选项背后的意图的视角。

　　不过，选项也并不是越多越好。美国哥伦比亚大学的艾扬格博士等人对提供试吃的果酱销售摊位中的只卖 6 种果酱和卖全部 24 种果酱的情况进行了比较。虽然卖全部 24 种果酱的摊位会有更多的人驻足，但两种摊位上实际的销售额与果酱种类的多少是成反比的，只陈列 6 种果酱的摊位的销售额要高出数倍。

　　艾扬格博士等人对此给出的解释是："人能同时处理的信息是有极限的，当超过这一极限时，人的购买欲就会下降。"

　　相比菜单菜品丰富的拉面店来说，只卖盐拉面的店会让我感到更开心，也更信赖。有这种感觉的应该不止我一个人吧。

超豪华咖喱饭　特制咖喱饭　普通咖喱饭
4000日元　　　1500日元　　　1000日元

第 5 章

基因是高密度的信息仓库

可用于人类的"基因编辑技术"

有一项技术被普遍认为可以稳拿诺贝尔奖，它就是"CRISPR-Cas9"，一种可以直接对基因进行编辑的技术（以下简称"基因编辑技术"）。这虽然是一项于2012年刚刚创立的新技术，但仅经过几年的发展就已经成为诺贝尔奖的有力竞争者（该技术的发现者已于2020年被授予诺贝尔化学奖）。

一些传统技术也可以改变基因。实际上，人类已经创造了无数的"转基因生物"。不过，基因编辑技术却可以简便快速地修改基因。它的原料是微生物用来剪切外敌基因的一种防御酶，生物学家巧妙地利用了这一"武器"，把它变成了一种能够用于编辑各种生物基因的强大工具。

这一技术可以带来的好处无法估量，尤其是基础生物学会因此迎来大发展。当然，这一技术也可以用于人类，说不定可以创造出各种改造人。然而，2015年12月在华盛顿召开了人类基因编辑国际峰会，其目标就是对基因编辑技术进行讨论并形成国际公约。这次峰会的主要与会国包括中国、美国和英国。

　　其中，中国的参会具有重要意义。2014 年，中山大学的黄军就博士等人成功实现了世界首例人类胚胎的基因编辑，这也引发了伦理方面的争议。

　　人类基因编辑国际峰会所形成的决议大致为："除可遗传的生殖细胞外，基因编辑技术可以用于人类。"

　　在此基础上，FDA（美国食品药品监督管理局）已于 2016 年颁发世界首个与人类基因编辑安全性相关的临床试验许可，这意味着基因编辑技术已真正用于人类。如果临床试验没有发现明显的副作用，基因编辑技术将有望使癌症等与基因相关的疾病的治疗策略产生颠覆性的变革。

引发争议的"人类基因组编写计划"

"人类基因组编写计划"引发了一场争议。2004 年，"人类基因组解读计划"已经完成。在各国科研机构的共同努力下，花费了大约 10 年的时间，我们终于成功解读了一个人的全部基因组信息，这被称颂为"人类史上罕见的伟大工程"。12 年后的 2016 年，作为该计划后续的"人类基因组编写计划"发布，其影响力和冲击力预计会超过之前的"人类基因组解读计划"。

顾名思义，这一计划的目的是对基因组信息进行"编写"。用夸张一点的方式来说，就是人工合成人类的全部基因组，从而制造出"新的人类"。

这听起来像是科幻小说中的情节，不过人类已经成功实现了细菌等简单生物的基因组化学合成。拥有人工合成基因组的"人造细菌"确实可以正常存活。如果不完全按照原始细菌的基因组进行合成，而是在合成时人为进行部分改变，就可以制造出自然界中不存在的新型细菌。这种技术同样也可以用于人类。

当然，人类与细菌的基因数量相差悬殊，人工合成人类基因组并不能一蹴而就。不过，有 25 位著名的研究者都参与了这一计划，这一下子"引爆"了科研界。

该计划发布之前，在美国哈佛大学举行了一场专家会议。与会人员都是主办方挑选的科学家、律师、伦理学家等，共 100 人。这是一场机密的闭门会议，因此它被外界批判为"秘密会议"。对于这一批判，计划的发起人回应称"该计划纯粹是以科学为目的，并非要设计出'人造人'"。

无论如何，2016 年 6 月，科学家宣布将筹资 1 亿美元启动人类基因组编写计划，目标包括在 10 年内合成一条完整的人类基因组。

"DNA 鉴定"会造成冤案？

在侦查机关确定犯罪嫌疑人的过程中，DNA 证据对于证据主义（以证据为基准进行事实认定的总体原则）的刑事诉讼具有非常大的效力。

现在，DNA 鉴定已经被民众所熟知，如果媒体报道中说"现场遗留的物证所含有的 DNA 型与嫌疑人比对一致"，那么几乎所有人都会相信"凶手已经确定了"。

DNA 鉴定不仅可以用来确定嫌疑人，还可以帮助蒙冤者洗清嫌疑。目前也遇到过在量刑确定之后，通过新的 DNA 证据发现真正凶手的案例。DNA 鉴定技术具有传统侦查手段所不具备的高准确性，可谓是科学的胜利。

不过，对 DNA 鉴定的绝对信任有时也会造成冤案。在美国被逮捕的大卫·卡姆就是一个典型的例子。

2000 年 9 月 28 日，卡姆回到家，发现妻子和两个女儿在车库遭到枪杀。调查发现，卡姆身上穿着的 T 恤衫上有 8 滴血迹，其 DNA 型与被害人一致。卡姆辩称血迹是"和家人拥抱时粘上去的"，并主张自己无罪，但法官根据若干证据断定这些血迹是"被害人被枪击时喷溅的血液"，并对卡姆判处 195 年的监禁。

2013 年，卡姆被证明无罪并被释放。

正是因为警方对 DNA 鉴定十分信任，才会按照其鉴定结果的方向去搜集证据，最终导致了冤案。其实卡姆是一名印第安纳州的警官，但即便如此他也无法与 DNA 鉴定的证据效力抗衡。

无论 DNA 鉴定的准确性有多高，最终还是要由人类的大脑来做出判断。武器的威力越大，用错的时候造成的损失也会越大。

对于未知的东西，人们并不知道自己有多么无知

人们对于某件事到底能理解到什么程度呢？有一篇论文会让大家产生这样的疑问，就是美国西北大学的斯托格博士等人于2018 年发表的一项关于基因的研究。

人们对于生命的理解在近 100 年间取得了飞速进步，这是因为实验技术的发展使得我们可以对用光学显微镜都观察不到的蛋白质和 DNA 等分子进行操作，这意味着我们可以在分子层面上详细描述很多生命过程和现象。现代生物学教材中出现了各种各样的分子，这些微观部件相互结合，像精密的机器一样工作，这样的生命现象令人为之惊叹。于是，研究者们感到，人们对生命的理解确实有了长足的进步。

但是，这是一个巨大的误解。如今，通过全面分析我们可以很容易地获取大数据。研究者第一次接触大数据时，他们的印象是这样的："数据量太大了，看不懂""没法用"。

　　上述的斯托格博士等人的论文题目为"为什么重要的基因被忽略了"。这个题目真是一针见血。人类基因组中总共有 1.9 万个基因，但研究者们的研究范围只局限于其中的一小部分。对过去的研究进行回顾后发现，这些基因之所以会成为研究对象，并不是因为它们"真的很重要"，而是因为它们"（对于研究者的大脑来说）容易理解"。

　　AI（人工智能）进入围棋领域时，也出现过类似的讨论。看着 AI 下出的"华丽一手"，棋手们深刻地感到"原来人类对围棋一无所知"。

　　推广到一般的话题也是类似的，人对已知的东西能够意识到自己是知道的，但对于未知的东西，并不能够知道自己到底不知道什么、不知道到什么程度。因为没有感受到无知的机会，所以即便想谦虚也做不到。可能我们就是一群自信爆棚的小丑罢了。

"转基因蚊子"能成为新的灭蚊手段吗?

又到了蚊子出没的季节。身上带有黑白条纹的蚊子称为"白纹伊蚊",被它们叮咬后会起包,引起烦人的瘙痒。如果只是瘙痒的话,忍一忍也就过去了,但白纹伊蚊在不同地区还会传播不同的疾病,包括寨卡热、登革热、基孔肯雅热、黄热病等,因此它们也被称为"杀人蚊"。

由于野生个体数量庞大,所以即便有驱蚊药、驱蚊灯等手段,彻底消灭蚊子也是不可能的。而且,近年来,由于杀虫剂的过度使用,导致具有耐药性的蚊子数量有所增加。于是,"转基因蚊子"成为了一种目前颇受关注的"灭蚊"新武器。

其具体方法是对雄蚊进行基因操作,与这种转基因雄蚊交配的雌蚊所产下的后代在幼虫阶段就会死亡,无法发育为成虫,因此可以直接消灭该雄蚊所有下一代的蚊子。研发出这一技术的是英国的 Oxitec 公司,但该生物技术公司花费了很长时间才得到民众的认同。这一技术在巴西、巴拿马、开曼群岛和马来西亚已经进行了实地试验，并取得了一定的成果，但在美国国内推广时遇到了居民的强烈反对，使得监管部门的审核变得更加严格和复杂。经过近 10 年的争论，2021 年 4 月，终于在佛罗里达州南端热带地区的离岛基兹群岛上开展了转基因蚊子的引入试验。在基兹群岛上的蚊子种群中，白纹伊蚊只占大约 4%，但几乎所有的蚊媒传染病都是由白纹伊蚊传播的。

　　研究者在基兹群岛上的三个区域共 6 个地点投放了装有转基因蚊子虫卵的箱子。一个月后，雄蚊孵化出来，在 12 周内，每周都会有 1.2 万只雄蚊从箱子中飞出。这一试验还会进行第二阶段，总计将会投放 2000 万只蚊子。

　　这一技术能否代替杀虫剂成为一种新的灭蚊手段呢？包括日本在内，全世界很多国家都在关注美国这项试验的结果。

有害菌、有益菌——人体内居住着数百万亿个细菌

你知道"微生物组"这个词吗？它指的是定植在人体内的各种细菌的集合。每个人的体内都居住着数千种细菌，其数量高达数百万亿个。

首先，要澄清一些大家关于细菌的误解。如果让你列举一些细菌的名称，可能大多数人会说出结核分枝杆菌、鼠疫杆菌、大肠杆菌 O157 之类的致病菌。

实际上，相比于细菌的益处，其害处可以说是微乎其微。皮肤和呼吸道中的细菌数量是体细胞中的 10 倍以上，其中大部分是帮助消化和免疫的有益菌。

每个人体内定植的细菌组合是不同的，例如，产生体味的细菌和帮助消化的肠道细菌就存在个体差异。因此，即便吃同样的食物，有些人就能够吸收其中的营养，而另一些人则会不适。

不可思议的是，微生物组还会影响性格以及忧郁症等精神疾病。

在这样的背景下，对微生物组的研究成为了医学界目前的一个热门领域。

德国的施罗伊斯尼希博士等人利用最新的技术，对 207 人体内 101 种细菌的 7 亿个基因位点进行了研究，并将研究结果发表在了《自然》杂志上。

根据研究数据，细菌的遗传多样性程度与人类相当，可谓是名副其实的"千人千面"。而且，菌种的更替速度要比预想的慢，其变化是以年为单位进行的。因此，"现在体内居住着哪些细菌"就显得很重要了。

细菌曾经只是抗生素要消灭的对象，而如今时代变了，现在我们需要正确认识自己体内细菌的个性，并在此基础上通过寻求良好的共生关系来实现健康管理。

"体内菌群"会影响大脑

　　美国宣布了一项名为"国家微生物组计划"的国家级科研计划。这是一项大型科研计划，截至 2017 年，已投入约 1.2 亿美元的科研经费，而预计投入经费总额高达 4 亿美元。

　　细菌的组合因人而异，它会影响人的健康状态、体质和免疫力。动物也是一样。研究发现，将肥胖小鼠的肠道细菌移植到其他小鼠体内会导致后者发生肥胖。

　　不可思议的是，体内菌群还会影响大脑。不仅是忧郁症等精神疾病，就连性格也会受到菌群的影响。可以说，微生物组是我们"个性"的一部分。

　　过去的医学研究对象主要集中在人体本身，而很少研究与人体共生的细菌，所以我们无法真正理解人体的奥秘。

　　在这样的背景下，美国于 2016 年 5 月宣布了"国家微生物组计划"。该计划的目标是对大规模人群的细菌分布状况及其基因进行全面的分析研究。而且，该计划的研究数据将会公开共享，将会对基础研究和药物研发做出巨大的贡献。

　　与此同时，所有抗生素都对其无效的"超级细菌"正成为国际上热议的话题。即便研发出新型抗生素，早晚也会出现对其具有耐药性的细菌。美国的这一科研计划有望为人类和致病菌之间漫长的拉锯战画上句号。

DNA 会成为存储数据的优质媒体吗？

在信息量飞速增长的现代，如何高效存储数据成为了一个重要的课题。

曾经，微缩胶片在书籍保存方面发挥过重要作用，而如今，CD 光盘、闪存等数字媒体已经成为主流。20 年前，人们还在使用软盘等磁媒体来保存文件，现在回想起来恍若隔世。

不过，即便是最新的电子媒体，比起自然界中的存储媒体，其效率还是不够高。大家可能都没有察觉，我们身边就有一个高密度存储媒体的好例子。

DNA 就是这样一种存储媒体。人类的染色体中包含 30 亿个碱基对，相当于一张 CD 光盘能存储的信息量，但染色体可以在三维空间进行折叠，因此只需要不到 1% 毫米的大小就可以存储这些信息。这真是一种超高密度的信息存储方式。

而且，从生物演化的漫长时间尺度上也可以看出，DNA 不仅在物理上十分稳定，而且其双螺旋结构还具有纠错机制。

　　如此优秀的 DNA 媒体，如果能用来存储数据就好了——这种梦想中的技术（尽管还处于实验室水平）马上就能实现了。美国约翰霍普金斯大学的克苏里博士等人在《科学》（2012 年 9 月）杂志上发表了相关的研究论文。

　　克苏里博士等人将一本包含 53426 个单词和 11 张图片的图书的内容全部转换成数字信息，然后用下一代 DNA 合成设备按照这些信息进行高速的 DNA 合成。

　　这是一次总数超过 500 万个碱基的大规模合成。

　　然后，他们使用下一代 DNA 测序仪对合成的 DNA 进行测序，并成功复原了全部原始信息。

　　以目前的技术水平，合成和测序过程中总计产生了 10 处错误。尽管精度还需要进一步提升，但毫无疑问的是，一项伟大的技术已经诞生了。

第 6 章

人脑与 AI

AI 抛出的问题：到底什么才是人？

AI 围棋程序以 4 比 1 战胜了围棋世界冠军李世石。这一新闻引发了不小的轰动，因为专家曾经预测 AI 在围棋上战胜人类还需要至少 10 年的时间。

实际上，李世石在对局之前曾自信满满地表示"我会获胜"，然而在两连败之后他的气势就弱了很多，表示"希望至少能赢一盘"。这场对局之后，李世石辩解道："我是输在了意志力和专注力上，我并不认为 AI 在实力上已经超过了我。"但是，稳定的平常心、面对逆境坚韧不拔的精神以及持久不衰的体力都是实力的一部分。所以李世石用这些理由为自己辩解，更说明他输得非常彻底。

给我留下深刻印象的是最后的第五盘。李世石在第四盘勉强扳回一分之后表示："我已经发现 AI 的弱点了，它无法应对一些出乎意料的下法。"但在第二天的第五盘中，AI 就克服了自己的弱点，可见 AI 成长速度之快。

　　另一方面，对于一些宣扬"人类彻底失败"的报道，我也并不认同。毕竟，人类在计算能力上甚至比不过很便宜的计算器。话说回来，人类是为了弥补自己能力的不足才发明了计算机，并将其发展到如今的水平。看着"自己的孩子"茁壮成长，哪有反而感到嫉妒的道理呢？而且，像围棋这种存在正确解法的游戏，正是 AI 所擅长的领域。

　　创造、直觉、人情——很多人将这些误认为是"人类所特有的智慧"。如今的 AI 不仅能撰写新闻报道，还能创作诗歌、音乐和绘画，其水平已经远远超过了普通人。能倾听烦恼的 AI 咨询师也很受欢迎，很多体验过的人表示："它能平和且认真地倾听我的诉说""可以和它谈论一些不想跟别人提及的私事"。

　　AI 绝对不是与人类对立的敌人，而是值得依靠的伙伴。同时，AI 的出现也为我们提供了重新思考"到底什么才是人"这个问题的契机。

AI 所隐含的"安全漏洞"

AI 因其实用性和有益性而被认为是一项非常有前途的技术。但与此同时，人们也存在一些担忧，比如，AI 会不会争夺人类的工作岗位？会不会发生失控以至于威胁到人类的生存？

在上述担忧之中，前者促使我们思考"只有人类能完成的工作是什么"，或者说"人到底是什么"，换句话说就是必须重新定义"人性"的概念。除此之外，由于 AI 代替人类工作会减少纳税人数，因此其还会涉及国家层面的经济结构重组，可以说这是一个非常深刻的话题。

关于后者，人们的恐惧则相对单纯。这一问题的主旋律是担心是否会出现能够奴役人类的 AI，也就是科幻小说中比较常见的那种担忧。

安全性包括 safety 和 security 两层含义。人们往往更倾向于关注 safety 层面的安全，但其实在我们身边现实存在的威胁是 security 层面的漏洞。

美国华盛顿大学的河野忠义博士等人是一个专门研究计算机安全漏洞的团队。他们于 2017 年 7 月发表的一个名为"RP2"的算法引发了热议。该算法可以让 AI 对图像的识别以很高的概率出现错误。

例如，利用 RP2 算法，可以让自动驾驶汽车上搭载的摄像头对道路标志产生误判。论文中展示了一个可以让 AI 以 100% 的概率将停车等待标志误认为道路限速标志的具体例子。这个方法非常简单，即便不具备专业知识也能够人为干扰 AI 的识别结果。如果该方法被人恶意利用的话，其后果是显而易见的。

我认为，与其担心"失控的 AI 奴役人类"这种科幻情节，还不如担心 AI 的安全漏洞更具有现实意义。

3 超越人脑的"计算机将棋① 程序"所预示的未来

在大学里，最辛苦的工作莫过于组织入学考试了。因为不但对考务工作的要求十分苛刻，而且防止作弊也非常困难——如果为了杜绝作弊行为而提高判定标准，就会不可避免地冤枉好人，但也不能对那些可疑的行为放任不管。

最近，使用智能手机进行作弊的行为成为了新的防范目标。

原则上说，在考试过程中上厕所需要由监考老师陪同。当然，这意味着监考老师的男女比例必须平衡才行。但是，一个考场中通常只能安排几名监考老师，所以过去曾经出现因 10 名考生一起上厕所而不得不放弃陪同的情况。

其根本问题在于，便携式设备的性能已经超越了人脑。类似的现象在专业领域也会发生，比如将棋。

---

① 将棋（shogi）是日本的一种棋类游戏，其棋盘、棋子和规则与国际象棋、中国象棋等象棋游戏具有共通之处。

计算机将棋程序的水平已经超越人类棋手很久了，但日本将棋联盟的基本作风还是对棋士道的清廉精神表示信任。但是，在体育运动的世界中，将是否使用兴奋剂寄托在运动员的道德和良心上是完全说不过去的。在实际的将棋比赛中，经常发生棋手离席的情况，这让日本将棋联盟也不得不对此采取行动。

如今，在正式比赛中出现的新棋路，大部分都来自计算机将棋程序。在一般的职场上，早晚也会出现类似的现象。人的"聪明"所具有的价值没有以前那么高了，因为 AI 更可能会做出合理的判断。

将来，可能每个人都会和 AI 结对工作。当然，最终承担工作的还是人类。也就是说，在职场这个舞台上，人类会变成按照 AI 所编写的剧本进行表演的专业演员，并通过其具有迷惑性的演技让观众（雇主）支付演出费（工资）。

现在的棋手所面临的状况，也许预示着将来职业的演变方向。

4 让顶级人类专家与 AI 协作会如何？

NIST（美国国家标准与技术研究所）的菲利普斯博士等人在《美国国家科学院院刊》（2018 年 6 月）上发表的一篇论文中的调查结果显示，AI 与人类协作可以提高成绩。

菲利普斯博士等人的实验对象是人脸识别测试，受试者会看到两张人脸的照片，然后判断这两张照片中的人脸是否为同一个人。

人类具有较大的个体差异，有些人擅长辨别人脸，而有些人则不擅长。法医学专家和入境审查员之中，有很多具备卓越的人脸识别能力的人，他们具备超凡的个体辨别能力，其准确性甚至超过了指纹识别。AI 也毫不逊色。过去 3 年间，AI 的人脸识别性能快速提升。

菲利普斯博士等人选择了 4 种特别优秀的 AI 模型，测试表明，它们的人脸识别成绩与顶级的人类专家旗鼓相当。

接下来，菲利普斯博士等人对人类与 AI 的协作情况进行了测试。对于普通人来说，在参考 AI 识别结果的基础上进行判断时，成绩确实得到了提高，而且判断的波动得到了抑制，成绩变得更加稳定。有了优秀的 AI 给出提示，成绩会提高，应该说是理所当然的。

那么，让顶级人类专家与 AI 协作又会如何呢？令人惊讶的是，两者的成绩都得到了提高。也就是说，人脸识别的成功率在目前依然没有达到极限。也许 AI 并不是用人类的方法来识别人脸的，AI 和人类各自擅长识别的人脸类型是不同的，通过相互取长补短，就可以突破各自的极限。

世界将迎来 AI 的时代，从这一研究中我们或许可以窥见未来的一角。

5 AI 自动翻译会如何影响日本人?

　　擅长英语的人在日本是很受欢迎的。英语好的人和英语不好的人,在平均薪资上的差距高达 60%。仅仅是擅长英语年收入就多出 500 万日元(约合人民币 25 万元)以上,这样的事情也并不稀奇。可能就是出于这样的原因,面向孩子的英语教材铺天盖地,甚至连面向 1 岁以下孩子的教材都有。看来很多家长都希望孩子不要像自己一样吃英语不好的亏。

　　不过,事情并没有这么简单。60% 的薪资差距是指存在于 40 ~ 60 岁的年长者群体中的,而在年轻群体中差距并没有这么显著,例如在 20 多岁的群体中这一差距只有不到 20%。

　　主要原因有以下这些。

　　首先,年轻群体中的很多人拥有海外生活或留学的经验,所以他们很难在仅英语这一点上体现出差异。实际上,我听说在某公司招聘面试现场,面试官问"你会说什么语言",学生回答"英语",面试官听了之后说道:"我是问除了英语之外还会说什么语言。"也就是说，英语能力已经不再是一个值得夸耀的点了。

其次，AI 代替人类翻译的趋势已经开始显露端倪。只要对着一台智能手机说话，就能和面前的外国人实现实时的交流。听起来这样的场面有点梦幻，但据专家预测，自动翻译技术在 2025 年就会发展成熟。也有预测表示，在东京奥运会举办时，就会出现具有一定实用性的翻译机（这个预测基本上已经成真了）。总之，现在的中学生那么努力地学习英语，在将来或许并不能得到与付出相匹配的收益。

"日本人英语差"这件事在全世界都是出名的。也有观点认为，日本人英语差从一定程度上抑制了人才外流。当自动翻译机发展成熟，能够彻底打破语言壁垒时，日本人的对外交流将会发生怎样的变化呢？

所有汽车都自动驾驶的话，市中心的交通网络会发生剧变

随着 AI 的进步，完全自动驾驶的实现也并不遥远了。只要输入目的地，就可以直接乘车到达，真是一种梦幻般的技术。有了自动驾驶技术，像逆行、踩错踏板这种失误是完全可以避免的，此外，对于儿童"鬼探头"、道路结冰等情况，自动驾驶技术的应对精度也会超过人类。

东京的通勤高峰时间交通非常拥堵，但从空中观察就会发现，90% 的路面面积都没有车辆，这说明道路没有得到有效的利用。其主要原因是信号灯和路面上的车道线。这些控制措施对人脑来说是有必要的，但对 AI 来说却是多余的。只要所有车辆都实现自动驾驶，那么市中心能够承载的交通流量将是现在的数倍。

询问某大企业的自动驾驶技术人员后得知，目前的研发水平已经可以做到几乎不发生事故了，但是有一个条件，那就是"没有人类"——人类驾驶的车辆以及行人都会成为降低 AI 效率的障碍。

　　尽管如此，我们也不能马上采取"禁止人类进入道路"这样的措施，因此就需要浪费很多精力来研发以"人类会进入道路"为前提的"特殊 AI"，这成为了自动驾驶技术研发的枷锁。这种浪费所带来的社会损失，和 100 年前汽车和马匹在道路上共存的过渡期如出一辙。

　　然而，道路共存也并非都是坏处。美国伊利诺伊大学的斯特恩博士等人指出："只要混入少量的自动驾驶汽车就可以缓解交通拥堵。"自然发生的交通拥堵，是由于前方车辆偶然的刹车引发后方车辆的连锁反应所导致的。在这个场景中，只要加入一辆配备雷达的自动驾驶汽车，就可以提早发现前方车辆的行为并以平缓的速度进行调整，这样就可以切断这个恶性循环了。

　　20 年后的道路会变成什么样子呢？就像现在喜欢骑马的人只能在封闭的马场里骑马一样，可能将来喜欢开车的人也不能在公共道路上开车，而是只能在封闭的赛道上开车了吧。

7　复原美索不达米亚文明古文书的 AI

"写文章"是 AI 的应用场景之一。AI 自动写出的小说和诗歌的水平已经很不错了，但就现在来说，还是人类作家写的文章更有韵味。不过，在需要根据机械性规则来写文章的领域中，AI 的效率就可以超过人类了。例如，天气预报、财务决算报告等都是非常适合 AI 写作的领域。

我们身边的另一个例子是文字校对，即找出错字、漏字以及不恰当的表达，并提出修改方案。即便 AI 还无法写出整篇文章，但对现成的文章进行检查还是比较轻松的，有些 AI 甚至可以提出非常精彩的修改方案。

AI 的本质是"数字"的运算。这样的 AI 之所以能够处理文章，完全得益于语料库语言学的发展。现在，我们不仅可以对人工无法处理的大量文本数据进行高效的分析，还可以通过建立语句和数字之间的对应关系，实现文字的四则运算。差不多就是"王－男＋女＝女王"这种感觉。

AI 通过对这样的数值数据进行学习，就可以理解和生成文章了。例如，将文章按时间顺序进行排列、翻译成其他语言、将缺少的部分补充完整等，AI 也可以完成这种接近人类风格的任务。

2020 年 9 月，以色列巴伊兰大学的菲塔亚博士等人在《美国国家科学院院刊》上发表了一篇论文，展示了 AI 文字处理的一个实际应用。

菲塔亚博士等人的研究对象是美索不达米亚文明的古文书。这是一个怀有梦想的研究。

当时的文章是用楔形文字记录在黏土板上的，发现时多为破碎的残片，所以要复原那些缺失的部分非常困难。菲塔亚博士等人利用 AI 进行修复工作，成功复原了古文书中缺失的部分。

这份古文书中所记录的是古代波斯帝国的日常事件以及相关的经济、行政文件。

可以自主辩论的 AI 的实力

IBM 公司的斯洛尼姆博士等人于 2021 年在《自然》杂志上发表了一篇论文，介绍了一种可以自主辩论的 AI 系统。

AI 所擅长的领域是具有一定特征的。例如象棋、围棋等棋类游戏就是 AI 独领风骚的领域，现在人类选手几乎没有战胜 AI 的可能性。根据文章和表情进行情感分析也是 AI 所擅长的任务。这些任务的课题和目标都非常明确，对策略的优劣也比较容易进行评价。相对地，翻译和总结概要则是 AI 不太擅长的任务。诚然，人类并没有像 AI 那样能够快速阅读 100 篇论文并总结出其概要的能力，但是只要有充分的时间，人类在这些任务上的准确性还是要强于 AI 的。

这篇论文中所介绍的 AI 可以就种类广泛的话题进行自主辩论，这是传统 AI 所不擅长的领域。辩论需要语言的理解和生成同时进行，但目前为止，这两个领域的 AI 专家基本都在进行独立的研究，并没有出现将两者进行融合的 AI 系统。这篇论文中所介绍的 AI 系统事先学习了 4 亿条新闻报道，并将学习得到的知识体系与互联网词典进行了有机的关联。由此，AI 便可以生成与辩题相关的论点和论据，并将其串联成结构完整的故事。在正反双方进行观点碰撞的辩论大会上，该 AI 系统对于事先未学习过的辩题也能够进行出色的辩论，丝毫不逊色于世界冠军级别的人类辩手。

当然，这一系统也并非完美无缺，特别是它会出现一些没有充分理解上下文而导致的低级错误。不过，人类辩手也经常会出现偏离辩论主旨的情况。其实，该 AI 系统的真正价值或许在于它能够从另一个视角反映"到底什么是人""AI 所欠缺的东西是什么"等问题。换句话说，AI 在辩论中完全击败对方往往并不是最好的结果。在日常生活中，反例应该是很多的。充分意识到思想和理念的差异，明确自身的立场，从而加深相互理解，这也是辩论的目的之一。AI 在这一点上还是有所欠缺的。

能鉴定古典绘画的 AI 的惊人能力

AI 可以完成绘画、作曲、写诗等创作任务，对此人们已经并不感到稀奇了。

与艺术创作相比，AI "写文章"体现出了不同的特质。2019 年 2 月，OpenAI 公司发布了语言生成模型 GPT-2 的完整版，但不再开源，这成为了一个具有代表性的事件。之前的 AI 所生成的文章还略显生硬，甚至会出现前后矛盾的现象，但 GPT-2 已经可以生成流畅的文章，其和人类写出的文章区别不大。如果给它一篇小说的开头，它就可以根据情节快速完成续写，创作出一个和原作完全不同的故事。

不仅是小说，AI 还可以自动生成可以以假乱真的假新闻。这一能力如果被恶意利用的话，假新闻就会在互联网上泛滥成灾，这无疑有悖于 AI 的有益性。

据说 OpenAI 公司已经在开发 GPT-2 的后续版本 GPT-3，但我们也必须意识到 AI 自动写作的便利性和有害性是同时存在的。我们好不容易让 AI 具备了创作的能力，那么有没有能够有效利用这一能力的好方法呢？ 2017 年末发布的 "NIMA（神经图像评估）" 可以算是一个典型的例子。这是一个运用对美术的审美能力，对绘画和照片进行评分的 AI 模型。NIMA 的训练目标是具备尽可能高的艺术品位，这也具有一定的现实意义。

2019 年 5 月，法国国立桥路学院发布了一个用于分析古典绘画的 AI 模型。它可以对大量画家作品中的动物、静物等主体进行分析，并提取它们的相似点和不同点。例如，16 ～ 17 世纪期间，比利时佛兰德地区有一个诞生了很多著名画家的勃鲁盖尔家族，他们的绘画作品风格相近，连专家都难以辨别，而这一 AI 模型就可以用来对这些作品进行辨别。

此外，它还可以生成能够反映艺术发展变迁的年代系谱。对于这种大数据的分析工作，资深专家也需要花费大量的时间，因此，这将会成为 AI 的一种新的运用形式。

10 人造 AI 艺术家 "艾达" 的存在意味
着什么?

2018 年 10 月, 一幅名为《埃德蒙·贝拉米画像》的绘画作品在佳士得拍卖会上以 43.25 万美元的价格成交。这一成交价格远远超出人们的预期, 整个会场一片哗然。创作这幅作品的画家是 AI, 这是 AI 绘画作品首次出现在世界级拍卖会上。

创作这一绘画作品的 AI 模型的开发者是 3 名法国研究人员, 他们都是未经任何艺术训练的外行人。创作算法也非常简单, 并没有使用任何新的计算原理。即便如此, 它的作品依然拍出了高价。

到底什么是艺术? ——我不由产生了深深的疑问。

2019 年 6 月, 在英国牛津举行了一场人形机器人艺术家 "艾达 (Ai-Da)" 的个人展览。尽管艾达的作品经过了人类艺术家的完善, 但其创作水准之高仍可见一斑——无论其绘画还是雕刻都可以媲美知名艺术家的水平, 尤其在现代艺术方面, 与一流画家的作品相比也毫不逊色。

　　艾达可以根据小说、物体等给定的题材构建新的主题并创作抽象绘画作品。它凭借自身内部复杂的数理逻辑，不仅能够进行创作，还能够自主学习创作手法，创立新的艺术概念。美术策展人艾丹·梅勒表示："艾达不仅是一位艺术家，它更是一件艺术品。"毋庸置疑，艾达是艺术、人文科学、计算科学等多学科融合所产生的艺术结晶。

　　艾达的个人展览获得了巨大的关注，但与此同时也出现了一些质疑的声音，如"这是对艺术的亵渎""机器人的艺术创作毫无意义"等。艾达这样的人造艺术家在给社会带来冲击之余，更重要的一点是它能够帮助我们追寻艺术创作的本质原理，从而回答像"为什么这里要用红色"之类的更加原始的问题，我个人对后者更感兴趣。

拯救临床的诊断 AI 的实力和准确性

　　我认为 AI 最直接最有效的应用场景就是医疗领域。AI 可以快速准确地进行影像学诊断，研究表明，诊断 AI 在某些条件下的成绩甚至能够超过专科医生。国内外目前已经有一些诊断 AI 获得了政府部门的批准。不过，诊断 AI 的优点还不止如此。它还有望为农村地区和资源匮乏的地区提供医疗服务，从而缓解医疗资源地域分布不均衡的问题。

　　举个例子，肯尼亚目前正计划部署一个名为"MoMic"的 AI 系统，它能够对宫颈癌进行筛查。

　　宫颈癌是女性生殖系统最常见的恶性肿瘤，其发病率仅次于乳腺癌，但生存率低于乳腺癌，因此在早期发现非常重要。目前在肯尼亚，民众对宫颈癌的认知度不及日本，大部分女性都是在出现症状之后才前往医院诊治，而进展到这一阶段的宫颈癌往往已经无法治愈了。

AI 诊断系统 "MoMic" 可以通过手持小型显微镜拍摄照片,并判断影像中是否含有癌细胞。它的检出率很高,漏检率只有 5%,而相对地,其将正常情况误诊为癌症的假阳性率为 15%,这说明它的准确率还有待改善。

然而,肯尼亚有很多地方的病理科医生十分短缺,所以使用这种非常方便的 AI 系统将会对临床现场带来巨大的影响。

12 引领 AI 前沿的中国的强大实力

国际科学期刊《自然》杂志（2019 年 8 月）发布了清华大学施路平博士等人设计的一种崭新的 AI 计算架构。该架构的详细设计涉及很多专业知识，在此不做赘述，简而言之，可以将其理解为一种将电子计算机和人脑的计算模式进行融合的架构，和传统 AI 相比，其计算效率最高可达 100 倍，能量效率最高可达 1 万倍。施路平博士等人展示了一个利用该架构实现自动驾驶自行车的实例。和汽车不同，自行车是两轮行驶的，所以保持平衡非常困难，但在该实例中，自行车在低速状态下依然能够实现平衡流畅的行驶。同时，它还具备声音识别和自动跟随功能，让人切实感到 AI 的通用性得到了提升。

根据日本科学技术振兴机构对 2015 至 2017 年发表的高影响因子论文按研究领域分类统计的结果，在 151 个理工类领域中，有 71 个领域中国是位居第一的，尤其是在信息技术、人工智能等工程和计算科学领域中，中国占据了较大优势（注：这还是

2017 年的情况，现在的差距应该更加明显了）。

　　对于这一情况，其实在更早的时候就已经有预兆。在引领科学前沿的美国研究所中，主力研究人员几乎都是中国人。早上第一个到实验室、工作最努力的研究人员几乎也都是中国人。古代中国出现了孔子、老子、庄子等众多先贤，这体现了中国所具有的道德内涵和智慧底蕴。

我们必须面对一个哲学问题：人类独有的能力是什么？

《自然》杂志（2021 年 2 月）发布了一种名为"拉马努金机"的 AI。这是以色列理工学院的卡米那博士等人所做的一项研究。

拉马努金是一个真实存在的人物，他是一位英年早逝的印度天才数学家。虽然没有接受过高等数学教育，但拉马努金的脑海中会不断闪现出各种数学定理，按照他本人的话来说，这些都是来自"数学女神"的启示。他的笔记中共有大约 4000 条定理，其中有已知的定理，也有很多未知的重要定理。不过，拉马努金本人并不具备证明这些定理的能力，因此他身边以及后世的数学家都在努力证明这些定理。

这次所发表的新 AI 用这位伟大数学家的名字命名，大家应该能推测出它具备什么样的能力了吧——就是像拉马努金一样提出各种数学定理，但并不会去证明它们（严格来说，这些不是"定理"而是"猜想"）。也就是说，这个 AI 的作用就是为专业数学家生成"题库"。

这个"题库"中有数学家长期以来一直在尝试证明的待解决问题，也有证明难度较大的未发现的问题。其中一些重要定理一旦被证明，就可以被运用在物理学等领域，因此这个 AI 也具备很高的实用价值。

数学家泽尔博格说过："人类研究数学这件事早晚是要被时代淘汰的。"现阶段，拉马努金机还不能自由提出任意领域的数学定理，而是只能生成"连分数"这个特定类型的算式。但尽管如此，这说明曾经被认为是人类专利的"灵感"和"洞察"，似乎 AI 也可以具备了，这一点所带来的冲击恐怕已经超出了数学的范畴。

我们必须面对一个哲学问题：人类独有的能力是什么？

14 社会偏见会如实地传导给 AI

有人将 AI 的能力凌驾于人类之上的时刻称为"奇点"。对于"将来 AI 奴役人类"这种预想，虽然在大众中接受度很高，但专家基本上都是不太相信的。不过，由于偏见和歧视而导致 AI 表现出一些不恰当的行为，这种可能性却是真实存在的。

"深度学习"在图像识别领域获得了巨大的成功，它也是这一波 AI 浪潮的主要推动者。深度学习起源于谷歌公司于 2012 年所发表的成果。谷歌让 AI 随机观看 1000 万张互联网图片，然后让 AI 自动识别其中的猫咪等对象。对于传统的 AI，设计者必须事先明确告知"猫咪是什么样的"，但深度学习不需要这样的信息就可以自主进行学习，这一点可以说是划时代的。

这一历史性事件被称为"谷歌的猫咪"，其实它其中已经隐藏了深度学习受人类的偏好或偏见影响的风险——为什么 AI 识别的第一个动物不是狗狗而是猫咪呢？原因很简单，因为爱猫人士更喜欢把猫咪的照片发到网上，于是 AI 遇到猫咪图片的频率就会更高，学习的机会也会相应增加。

　　就目前来说，自动驾驶汽车所搭载的对象识别算法，对于肤色较深的人种识别灵敏度较低。商用人脸识别应用程序的准确性也存在人种偏差（其中谷歌相册将黑人误判成大猩猩的案例非常有名）。此外，对人的行为的公正性进行判定的 AI 也会做出对黑人不利的判定。在这些例子中，AI 设计者本身都没有恶意，罪魁祸首是现存数据中的固有偏差。也就是说，社会偏见会如实地传导给 AI。

　　尽管以"奇点"为代表的科幻想象中，人类与 AI 处于纯粹的对立地位，但人类真正的敌人恐怕并不是 AI，而是那些恶意使用 AI 的人们，或是在不知不觉之中腐蚀人类的潜在偏见。

比人类更善于决策的"深度 Q 网络"

随着大规模的数据收集变得越来越容易，"大数据"已经成为我们身边一个常见的概念了。在这样的时代中，我们所面临的下一个问题就是：我们应该如何对待大数据？

很遗憾，人脑能够同时处理的信息量是有限的。仅是盯着大数据看的话，根本无法从中获取有意义的信息，也无法将其作为可供参考的判断依据。所以，我们需要对数据进行分析，从中提取有用的信息，也就是所谓的"数据挖掘"。

不过，数据挖掘已经是一种像化石一样十分古老的方法了。近年来，两种处理大数据的新方法取得了成功，就是"深度学习"和被称为"深度 Q 网络"的 AI。

深度学习是一种神奇的算法模型，只要对计算机输入大量的信息，就可以在无须事先传授任何知识的情况下，让计算机学会识别动物、物体以及人的表情和对话等。相比之下，深度 Q 网络则更加神奇。深度 Q 网络是于 2015 年 2 月发布的一种算法模型，它可以做出恰当的行动和决策。例如，让这个模型玩市面上的 49 种电子游戏，它可以在其中 29 种游戏中达到高级玩家的水平。

重点在于，我们并不需要向深度 Q 网络提供游戏的操作说明，也不需要告诉它画面上所显示内容的含义，以及手上的控制器具有什么功能……只要为它设定"得高分"的目标，深度 Q 网络就可以自主学会"应该做什么"，并取得超越普通玩家的成绩。

就连这个算法的开发者也表示，深度 Q 网络在学习过程中的内部运算已经完全无法理解了。所谓智能就是"超越人类智慧"的意思吧。不过，无论其原理如何，如果深度 Q 网络比人类更善于决策，那么将来把人生规划和公司决议都交给它来决策可能会更加高效吧。

第 7 章

"环保"难题

为什么"健康饮食"并不环保？

在发达国家中，健康风险中处于首位的是与饮食相关的风险。因此，饮食管理就成了保持健康的捷径。

"有钱人心宽体胖"这一现象已经是过去式了，现在，肥胖在贫困阶层中反而更加普遍。这是因为富裕阶层的人都有较强的健康意识，所以他们的体型也更加苗条。根据美国的调查数据，收入和教育水平较高的人群更喜欢蔬菜、谷物、坚果、未经加工的红肉等健康食材，蔗糖的摄入量也较少。

那是不是将这种健康的饮食习惯推广到全世界就好了呢？清华大学的刘竹博士等人却认为这样的想法"操之过急"。刘竹博士等人对 2005～2016 年间 NHANES（美国国民健康和营养调查）数据进行了分析，计算出了饮食习惯对环境的影响。食物大多依赖于农业和畜牧业，最终都会给地球生态带来负担。分析结果表明，为了生产出一个人所需的食物，平均每天需要排放 3.4 千克的二氧化碳，占用 15.6 平方米的土地，以及消耗 972 升的水。而对于富裕阶层，这一数值会更高，特别是对于前 10% 的高收入阶层，这一数据会显著提高。也就是说，健康饮食需要消耗更多的能源，并不环保。

刘竹博士等人在考虑了营养来源和环境因素的前提下，提出了一个最平衡的饮食结构方案。然而，38% 的美国民众出于经济原因无法采用这一饮食方案。

有很多人提出疑问，近年来的 SDGs（联合国可持续发展目标）行动是否真的有利于环保？至少从现在来看，人类健康与地球健康之间似乎存在着一种此消彼长的权衡关系。

2 人类活动在自然波动面前是微不足道的

在 2013 年的日本参议院议员选举中，自民党获得了压倒性的胜利。有人提出东日本大地震是导致当年发生政权更替的原因之一。确实，在百年一遇的天灾面前，任何优秀的政治家都难以应对周全。回想起来，在 1995 年的阪神淡路大地震之后，政权也是从村山内阁转移到了自民党手中。

明治维新是日本历史上所经历的最大规模的"政权更替"之一。这场复杂的改革与诸多思想、人情和历史背景相关，但有不少专家认为天灾也是促成明治维新的原因之一。

明治维新的导火索之一是天保大饥荒。自 1833 年起的数年间，因受到寒潮的影响，日本发生了全国范围的大饥荒。由此引发的农民起义和大盐平八郎之乱，削弱了幕府的统治基础。随后，安政大地震接踵而至。这是 1854 至 1855 年间，在东海、南海和关东等地区发生的连续性大地震。这一系列的自然灾害显著地改变了日本历史的进程。

　　人类活动在自然波动面前是微不足道的。自然灾害对政治的影响在全世界都是普遍存在的。美国加州大学伯克利分校的项博士等人对过去 1 万年的人类历史进行了统计分析，并将其结果发表在了《科学》杂志（2013 年 8 月）上。数据显示，当出现热浪和暴雨时，个人暴力事件会增加 4%，群体反抗事件会增加 14%。

　　项博士等人还对全球变暖进行了分析，并指出如果全球气温继续上升，40 年后，全球反抗事件数量最多将增加到现在的两倍，在日本预计也将增加 30%。

　　现在，全世界每年死于战争、暴动等事件的人数高达数十万，相比之下，这次政权更替也只不过是一项微不足道的统计数据罢了。

漂浮在全球地表的数十万亿个"微塑料颗粒"

　　微塑料会造成环境污染已经是当今社会的共识。我们的日常生活也为此发生了变化，例如，超市的塑料购物袋收费了。购物袋收费在理念上是好的，但是全世界每年生产 4 亿吨塑料，预计到 2050 年这个数字还会翻倍，因此对超市的塑料购物袋收费这一策略的环保效果几乎可以忽略不计。相比于减少塑料垃圾的效果来说，购物袋收费更像是一种和近年来的 SDGs（联合国可持续发展目标）如出一辙的精神层面上的行为。

　　众所周知，细小的塑料碎片会对海洋生物造成危害。它们不仅会危害鱼类和贝类，从浮游生物到海龟、海鸟……几乎所有的海洋生物都会受到影响。那么，微塑料对我们人类的危害又如何呢？

　　陆地上存在着不计其数的微塑料来源，如马路上汽车轮胎的塑料碎片、衣服的合成纤维碎片等，全球地表上漂浮着数十万亿个微塑料颗粒。平均一个人每天可能要摄入数万个微塑料颗粒，一个人一周的摄入量就相当于吃下了一张信用卡。

纵然会有如此多的微塑料进入人体，但实际上它们对人体的影响几乎是未知的。尽管有一些实验室进行研究，但由于实验条件与现实差异较大，因此无法充分体现真实情况。目前普遍认为，大部分微塑料不会被肠道吸收，而是会被直接排出体外。

但是，如果是直径小于 1 微米的"纳米塑料颗粒"，那情况就不同了。这种大小的颗粒物会被人体吸收，对细胞产生损伤。纳米塑料目前并没有纳入政府机构的监测范围，也不是环境指标的一部分。因此，到底有多少纳米塑料颗粒在空气中飞舞，我们完全不得而知。

**生态系统每年会为人类带来高达 20
万亿美元的收益**

2012 年 10 月，《生物多样性公约》缔约方大会第 11 次会议
（COP11）在印度南部城市海得拉巴举行。该会议每两年举行一
次，目的是对动植物和生态系统多样性的保护进行探讨。可能很
多人知道，上一次会议是在日本名古屋举办的。

本次 COP11 决议中的一个重要方针就是"对发展中国家生
态保护的资金支持加倍"。这是为了达成在名古屋会议中提出的
"爱知目标"而确保足够的资金。尽管发达国家一方以"资金加
倍的核算标准不明确"为由表示反对，但大会依然采纳了发展中
国家一方的意见。

"核算标准不明确"这个理由在"当时"确实是一个合理的
主张。不过就在之后不久，《科学》杂志发布了一篇保护生物多
样性所需费用的报告。这是研究者首次对这项费用进行如此精细
的计算，该论文的作者是国际鸟盟的布查特博士等人。

布查特博士等人对濒危状况比较明确的鸟类进行了分析。报告显示,对于 1115 种濒临灭绝的鸟类进行救助每年需要花费大约 10 亿美元,而目前已经募集到的资金仅占其中的 12%。也就是说,即便加倍也依然是不够的。

另一方面,也有一些人提出:"在生物保护上花这么多钱值得吗?"毕竟物种之间的相互竞争是演化的基本原理,在 38 亿年的生物演化史中,自然灭绝的物种不计其数。因此有人认为:"如此大费周章地对生物界进行人为干预,是人类傲慢的越权行为。"

这种说法看似有点道理,但据说生态系统每年会为人类带来高达 20 万亿美元的收益。每年为此交上 10 亿美元的保护费应该也不为过吧。

生物个体数量的变化遵循"维尔赫斯特 – 皮尔方程"

2015 年的人口普查结果显示，日本人口首次进入负增长。20世纪 70 年代，日本的出生率跌破 2%，生育率下降开始成为一个受关注的社会问题。而现在，这一趋势终于作为数据显现出来。

放眼世界来看，目前全球总人口已经达到 80 亿，预计在 21 世纪内将突破 100 亿。尽管如此，世界人口的增长率也开始呈现放缓的态势，主要原因是发展中国家所推行的避孕等计划生育措施。也就是说，人口爆炸的时代已经结束，现在世界人口开始进入一个稳定增长的时期。

生物个体数量的变化遵循"维尔赫斯特 – 皮尔方程"——当个体数量相对于环境来说过多时，个体数量就会减少，反之则会增加。这一原理看起来非常自然，人类也是生物的一种，因此在这一点上也不例外。也就是说，当日本人口相对于日本环境来说过多时，人口数量就会开始减少，这是十分正常的现象。

对育龄夫妻进行问卷调查发现，不生两个或更多子女的理由中，"经济压力"必定会排在前面。人的一生中占比最大的支出就是住房费用，而这一结果就是人口过多的证据，因此人口减少可以说是必然的趋势。

人口减少会导致土地闲置，地价下降，此时住房费用在家庭开支中的占比也会下降。于是，生育率下降的趋势就会放缓，人们可以在徒步上下班的距离内买房，生活环境也会得到改善。

当然，我们也不能过分乐观。生育率下降会导致劳动人口减少，造成经济停滞、养老金制度崩溃等社会危机。但是，有专家认为这些问题都可以通过社会体制改革来解决。例如，只要让女性和老年人得到同等的雇佣机会，则劳动人口的数量就可以翻倍。

顺便说一句，在男女劳动人口数量相差较小的国家，例如瑞典和挪威，男女平均寿命的差距也比日本要小。

第 8 章

互联网的"功过是非"

百家争鸣下互联网的"二宗罪"

人以群分——这个原理对我们具有根深蒂固的影响。除非在内心极其平静的情况下，否则人们不会无条件地倾听那些与自己不同的意见。结果，为了避免不愉快，人们总是倾向于把亲密关系局限在与自己相似的人群中。于是，"自己的观点"会得到进一步的强化。有些公司的董事都是由高层选出来的，所以这样的现象其实在日常生活中也很常见。

互联网就是一个例子。尽管互联网是一个百家争鸣的地方，但是，艾坦·巴克西博士等人在 2014 年对 1000 万名美国人在 700 万个网站中的浏览记录进行了为期半年的调查后发现，用户会忽略 70% 与自身信念相反或者无关的内容，而更喜欢浏览那些与自己观点相近的内容。

在互联网上，让此事事态进一步恶化的原因有两个。第一个是社交网络鼓励相似的人们积极建立联系。和现实社会一样，在社交网络中，具有相似意见的人更容易建立联系，这样的结构决定了那些异己的观点根本就无法传达至这些用户。

第二个是最近网站根据用户浏览记录推测其偏好并以此推送内容的算法。这种推荐算法会让用户完全陷入令自己舒适的信息的茧房之中。

我们只在自己或他人设定的信息茧房内思考，所以我们就会带着这种不完全成熟的"自主观点"来参与社会活动。

结果，人们都察觉不到自己已经通过有色眼镜形成了偏见。而社会交流会堕落成为一种带偏见的观点相互攻击的傀儡游戏。

社交媒体促使人们的观点两极分化

　　社交媒体和移动设备带来了巨大的社会变革。这一次我想讨论一下这些变革中的负面部分。

　　首先，我们不能忽视传统大众传媒日渐式微所带来的影响。现在，很多人都是通过数字媒体来获取新闻。由于互联网的地域性较弱，因此全球新闻可能会比本地新闻获得更多的关注。同时，随着地方报纸的减少，驻扎在当地的记者也越来越少，由此就产生了"新闻荒漠"。人们不关心自己身边发生的新闻了。

　　另一方面，由于数字媒体不存在地域制约，因此不计其数的新闻内容提供者会在这一领域产生竞争。通过自由竞争可以产生更有魅力的内容，这一点应当是可喜的，但实际上产生了很多只为博眼球而存在的垃圾内容和假新闻。因此，数字媒体的可信度不断下降，人们从心理上会更愿意相信已有的信息而不是新的信息。对于数字设备，有些人擅长使用而有些人不擅长，这本来就容易产生信息差，而对数字媒体的厌恶会让这一信息差进一步扩大。

此外，为了提高读者的黏性，很多社交媒体都具备推荐功能，即根据读者的浏览记录预测其偏好，将读者"可能喜欢看的文章"放在优先位置显示。换言之，该推荐功能会让读者不关心的文章和与其持反对观点的文章更加难以被看到，从而造成认知偏差。因此，人们的观点会产生两极分化。这种两极分化不仅体现在政治、经济方面的观点，就连情感表达也会受到影响。

互联网原本就具有令观点放大和产生共鸣的作用，因此也更容易形成"舆论风暴"，这一点引发了对互联网的一定的批判。与此同时，由于与现实世界互动的成本下降，团体的分层更容易形成。

关于数字社会中个人和团体相互作用的研究依然非常初步，其潜在问题尚不明确。但毋庸置疑的是，我们已经需要对一些问题进行思考和防范了。

3 推特在科研领域的有效运用

推特在科研领域也得到了有效的运用。曾经有一些研究能够根据用户所发推文的内容诊断其是否患有精神疾病，或对自杀和刑事案件进行预测，而这里要介绍的又是不同的方式。

一种典型的思路是推特可以用来对疫情等的传播进行实时监测。例如，加拿大圭尔夫大学的达拉博士等人在 2017 年 7 月至 2018 年 11 月期间，对 2 万条关于禽流感的推文进行了统计。通过 AI 的分析，从这些推文中可以检测到现实中发生的约 75% 的禽流感疫情，其中三分之一的疫情甚至比官方报告更早被检测出来。这说明推特可以发挥类似"社会话筒"的功能，它对传统的监测体系形成了有效的补充。

另一种是科学家之间的交流。根据《自然》杂志的调查，13% 的科学家在使用推特，有些人甚至拥有数万粉丝。其中有一些科普专业户，他们利用推特向公众介绍最新的研究成果。而且，最近还有一个趋势，就是科学家之间也会使用推特来进行交流。

新论文发表的当天，推特上的期刊小组中会出现大量的评论。这些评论并不是研究者的"课外活动"，而是具有实质性益处的研究活动的一部分。这一机制不仅能够维持科学的健康发展，加速信息循环流动，还因为其在立场的上下级关系和地域差异上的制约较少而可以成为教育年轻人的重要平台。根据某项调查的结果，在论文发表后仅一小时内，最多有 245 人发表了 4559 条评论，这一讨论规模在传统线下学术会议中是不可能实现的。

对于权威和权力根深蒂固的学术界，推特的加入或许会带来令人期待的变化。

求职者与企业之间围绕"私密账号"进行的猫鼠游戏

"键垢"是很多日本年轻人都知道的一个网络用语，它其实是日语中"私密账号"的谐音，指的是在脸书、推特等社交网络平台上，将个人账号设置为私密状态，只有某些特定的关注者才能看到里面的内容。

尽管无法直接看到私密账号里的内容，但如果通过被允许访问该账号内容的关注者对账号主人所发表的回复[①]，就有可能推测出私密账号中所发表的原始话题内容。美国佛蒙特大学的巴格罗博士等人用 AI 对推特上的推文进行了分析，以计算该方法对私密账号内容推测的准确率。

AI 的理解能力原本就是有限的。即便是对于没有设置访问限制的公开账号，用 AI 进行身份确定和内容推测的准确率也只

---

① 与国内的社交平台不同，推特并没有评论功能，它只有"回复"功能，点击"回复"后的效果类似于发表一篇 @ 原作者的新推文，因此回复推文的内容是公开可见的。

有 64%，现在 AI 的理解能力也就是这个水平。在这样的前提下，巴格罗博士等人测量了 AI 对私密账号内容的推测能力，令人惊讶的是，AI 仅通过关注者所发表的内容进行推测就能达到 61% 的准确率。也就是说，即便账号主人发布的内容是私密的，但只要知道账号关注者推测私密内容后所发表的回复，就可以使该私密账号达到公开账号 95%（=61÷64×100%）的性能，而且只需要分析 8～9 名关注者的数据即可。

　　如今，企业对求职者的社交网络平台账号进行调查的行为很常见，而求职者也认识到了这一点，因此他们会美化自己的账号内容，打造出优等生的人设，而真心话则会写在另一个私密账号里。不过，如果企业使用上述技术，就可以窥见求职者隐藏在私密账号中的真实心声了。

　　话说，能够打破私密账号壁垒的技术好像也已经开始流行了。某企业的人事相关人员曾偷偷告诉我说："我们公司会使用一些黑科技对私密账号进行调查。"更令人震惊的是，求职者其实也知道这件事，他们也会以内容会被人看到为前提，在私密账号里自导自演来打造优等生的人设。事情发展到这一步，已经演变成了一场无休止的猫鼠游戏。

Mechanical Turk——兼顾速度和成本的"网络众包"

你知道"Mechanical Turk"吗？它是由互联网巨头亚马逊公司运营的一个网络众包平台，简称"MTurk"。

目前，来自全球100多个国家/地区的10万名工作者已经加入了MTurk，他们会从雇主发布的任务列表中选择自己力所能及的任务来完成，并获得相应的报酬。

MTurk上有很多任何人都能完成的简单工作，但也有像提供文献、声音听写、寻找失踪者之类的高难度任务。

尽管MTurk在劳动标准、劳务报酬以及偷税漏税等问题上遭到了一定的批判，但其作为面向失业者以及自由职业者的一种新型雇佣形态，仍然备受关注。

研究者也关注到了MTurk。例如，在社会学研究领域中，经常需要对不特定多数人群进行问卷调查，特别是在大规模问卷调查中，募集受访者的过程非常耗时，而要在海外进行问卷调查就更困难了。基于此情况,美国加州大学的伦兹博士在 MTurk 上募集受访者,在仅仅 4 天的公开募集中,就收集了数百名工作者的回复数据。

令人惊讶的还有所需费用。在传统的问卷调查中,一般行情是人均 15 分钟需要大约 8 美元的费用,但在 MTurk 上只需要不到 1 美元。当然,其中也有一些以赚钱为目的而随意作答的"羊毛党",但研究者可以根据回答的规律利用统计学排除这些无效数据,因此这些羊毛党不会造成什么影响。不过,因为报酬太低,并不会吸引很多羊毛党。

能够兼顾速度和成本的网络众包,有望成为新型供需体系中的一个热门领域。

**令人震惊的中国新型量子计算机研究
成果**

2020 年末报道了很多与信息技术领域相关的新闻。中国研究者关于新型量子计算机的研究成果在美国学术期刊《科学》杂志上发表。

说起量子计算机，2018 年末谷歌公司宣布取得了"量子霸权"，这一消息震惊了全世界。量子计算机是利用量子不确定性原理来进行计算的，与追求绝对正确的传统计算机在运算原理上有着本质的区别。使用当时最快的超级计算机需要花费一万年才能完成的运算，在谷歌的量子计算机上只需要 200 秒就可以完成。我觉得，要刷新谷歌这个伟大的纪录，在信息技术基础研究领域引领世界前沿，恐怕也只有中国才能做到了。结果还真的被我猜对了。

不过，令人感到惊讶的是其实现手段。谷歌的量子计算机采用的是超低温状态的超导电路，而中国则采用了激光的方式，从而能够在室温下工作。这个原理本身是由美国麻省理工学院的研究者于 2011 年提出的，而中国的研究者解决了技术方面的难题，令这一原理成为现实。

对于从数学上证明传统计算机实质上不可能完成的计算，只需要对 76 个光子进行探测，就可以在几分钟内完成。据说，这一计算即便使用谷歌的量子计算机"Sycamore"也需要花费一万年才能完成，由此可见，这次发表的研究是何等划时代的伟大成果。

如今，量子计算机的实现对我们生活最大的影响莫过于密码了。现在所广泛使用的密码算法能够确保密码安全性的前提是"用传统计算机在现实的时间内无法破解"，但量子计算机可以在一瞬间破解这些密码。

目前，数学家们正在努力研究用量子计算机也难以进行计算的抗量子密码算法。

线上会议需要重视听觉传达

在线上会议上做报告时，相比于视觉传达，大家要更重视听觉传达。

在全社会要求保持社交距离的背景下，线上会议成了新的工作标准，学术会议也不例外。研究者们一边忍受着"Zoom 疲劳"，一边又不得不承认线上会议确实有一定的优点。

世界各地的人都能轻松参加线上会议，处于疫情高发地区以及低疫苗接种率地区的人也可以毫无顾虑地参加。而且线上会议这种形式还可以节约参加者的差旅费以及学会的运营费，对消除经济上的地域差异也有一定的帮助。

线上会议对环保的好处也是不可忽视的。例如，2019 年在旧金山举办的美国地球物理学会秋季年会，全球共有近 3 万名参会者，有计算表明，这些人仅旅行所排放的二氧化碳就高达 8 万吨。

线上会议也能够促进多样性。不方便外出的残疾人，处在生育、育儿阶段的人，都可以在家中参加会议，这一点所带来的好处是巨大的。

　　但是，线上会议也有另一面——由于需要长时间盯着屏幕，因此参会者需要注意劳逸结合。长期线上开会的人，一般都会出现眼睛疲劳、头痛、肩膀痛等典型症状。不过，如果在做报告时将重点从视觉传达改为听觉传达就可以缓解这些问题。例如，当发言者说"观察如图的效果"时，大家就必须要看屏幕上的图，但如果对图的内容进行具体的口头说明，那么大家就不需要看画面了。

　　如果线上会议能够像广播电台那样实现完整的听觉传达，那我们就可以在上下班路上、开车时、做家务时，甚至是健身时开会了，而且智能手机这种小屏设备就可以满足开会需要，这又能进一步促进多样性。传统的报告都比较重视视觉上的呈现，但如今，可能要对做报告的技巧会提出新的要求。

8 如果能将数字信息搬运到大脑中，人类的存在方式将迎来巨大的变化

　　人类历史上有很多像印刷术、蒸汽机这样使人类生活产生重大变化的发明。在这些发明中，文字是最早的，也是最基本的。原本"信息"的记录基本只能依赖于大脑的记忆，但从文字记录出现的瞬间开始，我们不仅可以让信息穿越遥远的空间，还可以超越时间，一代一代准确传递下去。与此同时，信息也失去了自然消逝的属性，这让时间的存在感变得更弱。

　　互联网可以说是一项与文字同等重要的发明。如今，电子化的信息可以在一瞬间传遍整个世界，信息已经超越了人脑的处理能力，获得了自律性。

　　在这样的背景下，可穿戴信息技术成为值得期待的下一代技术。如果能将数字信息高效地搬运到大脑中，人类的存在方式将迎来巨大的变化。谷歌公司所开发的"谷歌眼镜"比较接近这一理念，它能够将所需要的信息显示在视野中。这种将现实与虚

拟世界无缝融合的增强现实技术，应该可以让我在逛街时获得更愉悦的体验吧。与此同时，广告的存在方式也将发生变化，也许将会有越来越多的商店通过设置自动接入点来向路过的行人进行宣传。

前些天，谷歌眼镜原本计划搭载的人脸识别功能，由于伦理问题尚未解决而遭到搁置。其实，对于我这种"脸盲症患者"来说，非常希望能够实现这样的功能，但可能是考虑到在谷歌街景[①]上所遭遇的失败，谷歌这次显得十分谨慎。

个人信息在本人不知情的情况被公开确实是一个问题。不过，如果走在路上的人们能够主动给自己贴上一些数字标签，例如"IT 领域，想换工作""征婚，希望年收入 × × 元""现在想找人喝一杯"等，可能也会让需求匹配变得更快更顺利吧。如果再天马行空一点的话，也许还有助于解决生育率下降的问题。

---

① 谷歌街景是谷歌地图中一项展示真实街景的功能，自 2007 年推出以来，已多次因侵犯隐私等原因被起诉，其街景拍摄行为在多个国家遭到禁止或限制。

9 # 远程办公让总工作时间增加了 10%

　　远程办公、在线会议等概念本身都具有相当长的历史，但人类是一种惯性很强的生物，如果现状没有什么特别的问题，则长久以来形成的习惯很难改变。但随着社会需求的变化，远程办公变得越来越流行。

　　大家关于远程办公的看法不一，因此很有必要对远程办公的实际状况有所了解。微软公司的杨珑顾等人通过对 6 万名员工的调查，对远程办公的现状进行了总结，并将研究结果发表在了《自然：人类行为》杂志（2021 年 9 月）上。

　　在该调查中，研究者对电子邮件、即时通信消息、电话等与商务活动相关的匿名数据进行了分析。从分析结果中得出的第一个结论和想象的一样，远程办公的普及让人们变得更加疏远。随着电话、会议形式的沟通减少，在互联网上的沟通时间相应增加。由于无法实现面对面的实时沟通同事之间的协作减少了大约 25%。相对地，公司内部网络的通信和人脉本身都有所增加。人们之间的联系正从"强而少"向"弱而多"转化。

一般来说，因为具备强联系的人们大多具有共通的视角，信息更容易在彼此之间传达，因此具有更强的相互信任的人们也更容易进行相互协作。

相对地，弱联系并不需要太多的时间和精力来维系，而且其提供新的非冗余且有益信息的可能性较高，有利于提高生产力。

强联系和弱联系都有各自的优点，其优劣不能一概而论，但值得注意的一点是，远程办公让总工作时间增加了 10%。

看来我们有必要慎重考虑一下远程办公的性价比。

第 9 章

探索"健康"而非"疾病"的原理

根据个人"基因组信息"制定最优的治疗方案

第三代 DNA 测序仪已经正式开始投入使用。所谓"DNA 测序仪",就是一种能够自动读取 DNA 序列的设备,例如 2003 年起花费 13 年时间完成的读取人类全基因组的计划(人类基因组计划)中,就使用了这样的设备。

后来,人们对测序仪进行了改良,推出了迭代机型,利用 DNA 复制酶对 DNA 合成反应实现了分子级别的可视化。尤其是 2008 年上市的第三代测序仪,对比第二代而言,无论是在读取速度还是准确率方面都有了巨大的提升。

第三代测序仪一经问世,立刻就发挥出了强劲的实力。2011 年,欧洲暴发了致病性大肠杆菌 O104,而人们仅用了两天时间就完成了基因测序工作,不仅快速确定了导致严重腹泻和溶血性尿毒症的病原体,还发现这一致病基因是从其他大肠杆菌中获得的,这是一个生物学领域的重大发现。

基因组分析领域正迎来一个新的阶段,但日本在这一领域慢了一步。就现在而言,不要说跟欧美相比,就连与大力发展相关国家科研计划的中国和韩国相比也有很大的差距。

人类基因组测序结束时,确实有一种"告一段落"的气氛,接下来大家自然会把注意力转向"如何有效利用这些 DNA 信息"上。然而,美国却没有停下脚步。他们在人类基因组计划的后期,提出了一个"将基因测序的人均成本降到 1000 美元"的目标,充分体现了其卓越的预见性和执行力。

从世界潮流来看,临床医疗正在逐步进入定制化时代。以个人的基因组信息为参考,可以制定出对该患者最优的治疗方案。作为医疗发达国家的日本,能不能顺利过渡到这一新阶段呢? 这是一个国家层面的课题。

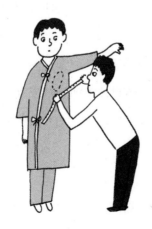

2 个性和癖好也算疾病?

"DSM"第 5 版的日文版终于出版了。DSM 的全称是《精神障碍诊断与统计手册》,是由美国精神医学会自 1952 年以来持续修订的精神障碍诊断标准。包括日本在内,很多国家都采用了这一标准,因此它可以说是关于精神障碍定义的国际标准。

1994 年 DSM 第 4 版发布,本次的第 5 版修订出版已是 19 年之后。我在开头之所以用"终于"一词,并不是指 19 年之久,而是指第 5 版的英文原版发布一年多以后才出版了日文版。如此重要的国际标准的本地化推广竟然出现了如此显著的时间差,我(虽然对相关翻译人员的努力表示赞许,但还是)感到很遗憾。

这次修订中特别值得注意的是对于感统失调症和广泛性发育障碍的定性都变得更加简单了。例如,"阿斯伯格综合征"这一名称被删除了,统一合并到"孤独症谱系障碍"这个诊断名称之中。

对此,有人担心这种对疾病的整合会让诊断范围变窄,而另一方面，也有人认为原来的标准过于宽泛了，乃至有临床医生吐槽说："按原来的标准，50% 的人都有精神障碍。"如此大的比例就相当于说"只要你是男性就会被诊断为'有病'"。而且将个性和癖好也算作疾病确实是有问题的。

随着时代的变化，社会体系和人们的价值观也在发生变化，因此疾病的定义发生变化也是理所当然的。例如，近视对于古代人来说可能是致命的"疾病"，但在现在不会构成太大的问题。同理，相对而言，现在属于健康的"症状"，50 年后可能就会被作为疾病来对待了。

为了促使患者出院，日本厚生劳动省① 于 2014 年 7 月整理了一份削减精神科住院床位的报告。我很想见证一下 DSM 第 5 版的推广会产生怎样的影响。

---

① 厚生劳动省是日本中央政府直属部门，负责国家的医疗卫生和社会保障等事务。

3 对疾病名称进行战略性宣传的"贩卖疾病"

你知道"贩卖疾病（disease mongering）"这个说法吗？它是指医疗从业者对疾病名称进行的战略性宣传。典型的套路是引导人们将没有那么严重的健康问题与疾病联系起来，以增加治疗费和药品的收入。

贩卖疾病的问题其实在其他国家由来已久，而日本却没有因此而及时应对，或者说可能是故意没有去应对，这与日本的药品制度有关。例如，在其他国家，用广告对药品进行宣传并不罕见，但在日本却是违法的。于是，医药企业开始进行医疗启发活动，即通过暗示"你有没有这样的症状呢？"来间接地诱导人们去咨询医生。

在这一点上最成功的莫过于"抑郁症"了。精神疾病在日本曾经是一种人们比较忌讳的疾病，甚至仅仅是去精神科就诊就会被人在背后指指点点。于是，医药企业研发了一种新型抗抑郁药

"SSRI"，并在其上市时开展了一场以"抑郁症是心灵的感冒"为口号的宣传活动。这一活动的效果十分显著，抗抑郁药的销售额增长了 6 倍。借助这一波潮流，甚至还创造出了"新型抑郁症"这一新的疾病类型。

　　这种对疾病的"开拓"所造成的社会经济损失是不可忽视的，它会带来计划之外的医药费增长。但是，贩卖疾病的最大问题在于，它煽动了健康市民的焦虑情绪。

4 饱受争议的"唐氏综合征产前教育法案"

美国的"克洛伊法案"引发了社会热议。克洛伊法案是美国宾夕法尼亚州于 2014 年颁布的一项州法案，其正式名称为"唐氏综合征产前教育法案"。该法案规定了胎儿在产前被诊断为唐氏综合征的情况下对其父母的干预方式。

羊水检查从 40 年前就已经开始实行，其主要检查对象就是唐氏综合征。唐氏综合征是一种由染色体异常导致的疾病，其发病率约为 700 分之一。

现在，在产前被诊断出其胎儿患有唐氏综合征的孕妇，超过 90% 会选择终止妊娠。因此，在过去 40 年间，唐氏综合征患儿的出生数量下降到了一个很低的水平。

一位名叫克洛伊·康德里奇的唐氏综合征患者的父亲在得知这一事实后感到十分震惊。在他的倡议下，政府起草了克洛伊法案。在之前的产前检查中，医生会站在中立的立场将检查结果告知患儿父母，将决定权完全交给对方。相对地，克洛伊法案则规定医生有义务向患儿父母提供唐氏综合征的相关信息（或者信息来源）。这里所说的信息，包括产后可预知的生活变化、患儿家属的经验分享，以及为患儿提供社会救济和民间援助的组织等。

当然，唐氏综合征患儿的父母在向孕妇分享经验时肯定不会说"后悔生下这个孩子"这种话，而是会展现出积极面对现状的态度。那孕妇接受这种积极暗示之后，她们的判断会不会改变呢？

美国纽约大学的卡普兰博士对克洛伊法案的实施表示担忧。他于 2015 年在专业期刊上撰文表示："父母的判断受到非中立性偏见的干扰会导致产前诊断丧失其公平的有效性。"的确，对于那些即便诊断出唐氏综合征也不会选择终止妊娠的父母来说，从一开始就没有必要做这样的检查，过度检查会带来医疗费用的增加。

这一问题产生的影响是多方面的，很难简单地判断其是非，相信这样的争议还将继续存在。

5 即便罹患癌症，生存的可能性也比死亡要高

　　日本国立癌症研究中心公布了癌症患者 10 年生存率的统计数据。该数据的追踪率超过 99%，因此可以说是一项十分严密细致的调查结论。数据显示，日本癌症患者的 5 年生存率平均为 63%，10 年生存率平均为 58%。尽管各部位癌症的生存率数据有所差异，但粗略来看，大家现在可以认为，即便罹患癌症，生存的可能性也比死亡要高。

　　让我们再深入研究一下。这次公布的数据是通过对 1999 至 2002 年间确诊癌症的患者进行为期 10 年的追踪调查所得到的。也就是说，该数据体现的只是当时医疗技术下的生存率。而在二十余年后的现在，癌症治疗技术已经取得了巨大的进步，所以说，如果从现在开始对 10 年生存率进行调查，应该会得到一个更高的结果。

　　在最新技术中，尤其值得关注的是对癌症类型进行细分的标

志物的开发。例如，同样是肺癌，每个人的具体分型是不同的。如果能够准确地识别分型，就可以使用"免疫疗法"对其癌细胞进行特异性的靶向攻击。如果能找到最优的疗法，那么生存率就会显著提高。

美国的抗癌"登月计划"就是对医疗界这一趋势的体现。2016 年 1 月，时任美国总统奥巴马在其任期末发表的国情咨文演讲中宣布了这一计划。这是一项非常庞大的计划，除了医生和制药企业之外，学术机构和保险公司也将参与进来，"登月"这个名字也代表该计划的参与者规模可以媲美"阿波罗计划"。

在这一计划中，通过全面的实验，民众对于癌症的恐惧将会有所减轻。该计划首先将对 2 万名患者使用 60 种靶向分子进行临床试验，其成果着实值得期待。

6 阿尔茨海默病患病率正在下降？

很多报告相继指出，阿尔茨海默病的患病率正在下降。对于这样的结论，出现了激烈的反对意见。日本厚生劳动省官方发布的结论是"认知障碍患者数量逐年递增"，2012 年的患者数量达462 万人，预计到 2025 年将增加到 675 万人，即增加到 2012 年的 1.5 倍左右。

有人认为认知障碍患者数量增加的原因可能是因为高龄人口绝对数量的增加，但事情并没有这么简单。根据日本总务省统计局发布的数据，2012 年日本高龄人口数量为 3074 万人，预计到2025 年将达到 3657 万人，增幅仅为 20% 左右。也就是说，高龄人口中认知障碍患者的比例在增加，这一趋势在各个发达国家中都有所体现。

然而，患病率的变化并不能只看数字。因为随着医疗技术的进步，阿尔茨海默病的诊断精度也在提高，这就导致了确诊人数的上升。此外，诊断标准本身也会随时代发生变化。

　　还有一个不能忽视的原因是，到医院就诊的患者数量增加了。过去，人们普遍认为认知障碍只是衰老引发的正常现象，家人很少带患有认知障碍的老人到医院去就诊。因此，以前的患病率数字并不包括这部分患者。

　　至于经过这些背景因素进行修正之后的"真实患病率"发生了怎样的变化，目前各国都进行过计算。其中，英国剑桥公共卫生研究所的布莱恩博士等人所进行的大规模数据统计非常有名。通过对能够设想到的外部因素进行谨慎地排除，他们发现阿尔茨海默病的患病率是在逐年递减的，尤其是男性非常显著，过去 20年间其患病率平均下降了 20%。

　　这一现象的原因不得而知，有可能是因为糖尿病、代谢综合征等提高阿尔茨海默病风险的因素被发现之后，人们对这些风险因素采取了针对性的预防措施。

人类研发的疫苗大幅降低了埃博拉出血热的死亡率

导致埃博拉出血热的埃博拉病毒已经到达日本——现在（2019 年 11 月）这一消息正受到全世界的关注。如果一听到这消息就感到恐慌的话，恐怕是因为科幻电影看多了。其实病毒是被送到了位于东京都武藏村山市的国立传染病研究所。该研究所是日本唯一一个能够处理相当于最高危级别的生物安全等级 4 级病原体的研究所。

东京奥运会期间，为了应对新型传染病和生物恐怖袭击，该研究所决定使用 5 种高危病毒进行基础研究，开头提到的埃博拉病毒的消息就是其中一环。研究所周边的居民以"奥运会只是一个借口"为由对病毒的引进提出了抗议，其实我也认为奥运会只是一个"契机"而已。

现在，以欧美和中国为代表，全世界 24 个国家总共设立了大约 60 个生物安全等级 4 级的科研机构。这些机构设立了多层防护设施和严密的检测机制，迄今为止未发生过一起病原体泄漏事故。日本国立传染病研究所也是按照生物安全等级4级的安全设计标准建造的，但由于周边居民的反对，目前只能以生物安全等级3级的标准运作。

日本的病毒研究已经落后于世界，如今终于有机会提升到生物安全等级4级，从而实现了对埃博拉病毒的引进。以奥运会这一大型活动为契机，情况终于发生了转机。对此，研究者们的反应大多是积极的。

顺便说一句，人类已经研发出疫苗，将埃博拉出血热的死亡率从75%降到了6%，现在它已经不再是一种非常可怕的疾病了。埃博拉病毒的传染性本来就很弱，只要日常注意洗手和漱口，基本都不会被感染。反倒是流感、麻疹等传染病对社会造成的影响要大得多，危险性也要高得多。

至今依然没有被消灭的"鼠疫"

人类史上最凶恶的传染病非鼠疫莫属。在历史上，中世纪曾经发生过鼠疫大流行，准确的死亡人数不得而知，但一般认为从 1347 年起的 5 年间，以欧洲为中心约 1 亿人死于鼠疫，相当于当时人口的 30%。除鼠疫外，人类历史上还发生过天花和西班牙流感两次大规模的传染病大流行，但和鼠疫相比它们依然是小巫见大巫。

鼠疫病毒的传播路径非常复杂，首先是通过老鼠、跳蚤等动物感染人类，然后又发生了人际传播。

不过，在这次大流行之前，鼠疫杆菌是从何而来呢？中世纪的大流行并不是人类首次经历的鼠疫疫情，鼠疫在此之前就已经存在了。2021 年 6 月，德国基尔大学的克劳泽 - 乔拉博士等人在北欧拉脱维亚的遗迹中发现了世界最古老的鼠疫杆菌。这个遗迹已经有 5000 年的历史，当时在这一地域的人类还没有进入农耕文明。研究人员从被埋葬的狩猎采集者的牙齿上采集到了鼠疫杆菌。

根据对 DNA 的溯源分析推测，鼠疫杆菌大约起源于 7000 年前。我们也许可以据此推测，人类从这么早开始就已经面临鼠疫的威胁了，但实际情况并非如此。

遗迹中一共埋葬着 4 具尸体，但只从其中一具尸体上发现了鼠疫杆菌，这说明其传染性很弱。而且，被感染的这个人好像也并非直接死于鼠疫，至少其在被感染后还存活了一段时间。也许当时的鼠疫传染性和病原性都较低，后来随着变异的积累逐渐演化出很强的毒性，终于在数千年后给人类带来了一场巨大的灾难。

至今鼠疫依然没有被消灭。现在每年约有数百人感染鼠疫，其死亡率依然高达 30%。

9 最为世人所熟知的疫苗

一般情况下，疫苗的研发周期约为 10 年。我所知道的过去最快获得审批的是流行性腮腺炎疫苗，也花了 4 年的时间。而新冠疫苗刷新了这个最快获批纪录。

最为世人所熟知的疫苗莫过于流感疫苗了。在日本，每年约有 2500 万人接种流感疫苗，其预防效果得到了统计学上的验证。

疫苗的效果包括"直接预防"和"间接预防"两种。直接预防是指防止接种者本人被感染或是发展为重症。

高龄和基础疾病都是重症化的风险因素，因此按理说需要优先对这部分人进行直接接种。然而，老年人的免疫反应较弱，免疫有效期也较短，所以还是通过间接预防进行强化更加有效。也就是说，让频繁接触老年人的"周围的人"接种疫苗，从而防止将疾病传染给老年人。

　　流感疫苗是针对特定类型的流感毒株来生产的，每年会根据 WHO（世界卫生组织）的推荐毒株进行预测和选择。病毒从国外传入的情况也很多，因此还需要参考南半球 2020 年 7 月流行的毒株，但是 2020 年南半球没有发生流感的流行，这对本年度毒株的确定造成了一定的困难。

和新冠病毒类似的"冠状病毒 OC43"

历史上也曾经出现过几种冠状病毒，它们都经历了类似于新冠病毒的过程。

一个典型的例子是发生于 19 世纪下半叶的"冠状病毒 OC43"全球大流行，这被认为是人类历史上首次经历的冠状病毒大流行。当时的记录显示，病毒在全世界共造成 100 万人死亡，重症患者中大多数都是老年人。那么当时的疫情是如何发展的呢?

OC43 也经历了数次感染规模的扩大和缩小，最初其死亡率约为 4%，后来逐年下降，最终演变成了现在每年冬季流行的"普通感冒"。我们成年人中 90% 以上都拥有 OC43 的抗体。

荷兰阿姆斯特丹大学的霍克博士对人体内抗体的变化进行了长达 35 年以上的跟踪调查，并于 2021 年将调查结果发表在医学专业期刊上。调查发现，包括 OC43 在内的冠状病毒抗体持续时间较短，免疫力大约经过 12 个月就会消失（因此冠状病毒才会通过自然选择演化成为每年流行的感冒）。

大部分新生儿都会在出生后 3 年内感染一次 OC43。一般的传染病都是在人生第一次感染时的症状最重，再次感染时的症状就会较轻，这是因为我们身体中的不依赖抗体的其他免疫机制在发挥作用。

实际上，现在研发的新冠疫苗其主要目的也并非在于预防感染，而是预防重症。

爱睡觉的人不易感冒——免疫力与睡眠之间的密切联系

日本有句俗话说"傻瓜不感冒",其原本的意思是"傻瓜比较迟钝,感冒了自己也注意不到"。现在这句话又多了一层引申的含义,即"所以才会在不知不觉中造成感染的扩大"。

病毒感染和"免疫力"关系密切。免疫力充足时,能抵御病毒感染的概率也会提高。

你知道免疫力也和睡眠有关吗?要提高免疫力,充足的睡眠时间是不可或缺的。美国卡内基梅隆大学的科恩博士等人做过一个著名的实验。他们将导致感冒的病毒(鼻病毒)接种到153名21～55岁的健康受试者的鼻腔内,结果发现平均睡眠时间不足7小时的受试者,其感冒发病率是平均睡眠时间超过8小时的受试者的2.94倍。

上述研究采用的这种"人体实验"的设计比较过激,下面再介绍一项使用疫苗进行的相对稳妥的研究。这是瑞典乌普萨拉大学的本尼迪克特博士等人所进行的一项研究。

他们让 24 名受试者接种甲型流感疫苗，然后在 52 天之后测量受试者体内抗体的效价。结果发现，在接种疫苗之后的数日内，即便只熬夜一天，也会导致流感抗体的数量减少 70%，而且这一减少效果在男性中尤为显著。

只是保持躺着的姿势是没用的，只有优质的睡眠才能使抗体充分发挥抵御病毒的作用。因此，开头的那句话应该改成"爱睡觉的人不易感冒"才对。

12 通过终端设备实现健康管理和治疗的 "mHealth"

2020 年夏，日本首个软件医疗设备 Cure App 获得批准，以此为契机，"mHealth" 开始受到广泛关注。"mHealth" 是 "Mobile Health（移动健康）" 的缩写，是指通过移动终端设备来实现健康管理和治疗。

例如，Cure App 是一个可以为戒烟提供支持的应用软件，由于它的效果比一般的戒烟药物还要好，因此也被纳入了保险的范畴。数字医疗有望适用的疾病范围很广，包括糖尿病、认知障碍、特应性皮炎等。有可能在不久的将来，人们去医院看这些病时，医生的处方不再是药片，而是一个 App。

用于诊断和治疗精神疾病与发育障碍的 App 也正在开发中。随着 AI 的发展，自然语言处理和声音分析也会取得飞跃性的进步，从而使对日常对话的分析成为可能，由此就可以通过日常对话来进行疾病诊断了。

　　此外，还有一些研究表明，即便不对对话内容进行语义上的分析，也可以通过如手机的点击、触摸、滚动等手势操作的动作数据成功诊断出抑郁症。这样的技术称为"数字表型"。AI 有望通过学习每个人的特征对特定患者进行长期的跟踪治疗。

　　在精神科领域，除了诊断之外，与患者进行对话的咨询活动也非常重要，而聊天机器人 App 就承载着这样的功能，它们可以代替治疗师与患者对话，并对其提供指导和干预。聊天机器人 App 的优点不仅在于可以随时随地沟通，还在于它有一些超越真人治疗师的优势，例如极度"社恐"的人也可以使用，可以毫无顾忌地吐露隐私等。

　　目前，这种疗法的用户满意度高这一点已经得到证实，预计将有更多的企业进入这一领域。

13 通过解读健康人的基因组阐明他们不生病的"健康"原理

生病之后再去医院可能就已经晚了，所以我们应该在健康的时候防患于未然。

预防医学正在受到越来越多的关注，但大多数人还是会在发现身体不舒服之后才去医院。这就好像股价已经下跌了，此时再采取行动已经太晚了。

《黄帝内经》是中国现存最古老的医书，其中的《素问·四气调神大论》中有"圣人不治已病治未病"的记载，这里便提出了"治未病"的概念。

治未病的风潮不仅体现在临床上，基础研究领域也在从对"疾病"的研究转向对"健康"的研究。在之前的研究中，阐明"疾病"的原理并找到有效的治疗方法是主流方向。但重新思考后发现，健康人的数量比患者的数量要多得多。对健康的理解没有进展，就等同于没有搞清楚人体的工作原理。

　　而研究健康的代表性行动，就是美国、英国和中国相继启动的大规模基因组分析计划。已于 2003 年完成的"人类基因组计划"用了 13 年才解读了一个人的 DNA，而现在，同样的任务只需要不到 30 分钟就能完成。在最新技术的助力下，我们可以解读 100 万人规模的健康人基因组，从而试图阐明"健康"的原理。

　　能够持续监测健康状态的医疗工具也层出不穷，其中我们最为熟悉的就是 2018 年发售的 Apple Watch Series 4。它不仅内置加速度传感器和心率传感器，而且还具有心电监测功能，从而将多种身体状态都归集到数据传感器中。已经有不少"健康人"因为通过这些功能发现了潜在的心律不齐风险而获益。

　　相比之下，日本的情况并不乐观。日本国内并没有大规模的健康人基因组检测计划，也没有批准使用 Apple Watch 中的心电监测功能（该功能已经于 2020 年在日本获得批准，比美国晚了 2 年）。其中可能存在伦理限制和审批制度等困难，但对于有益的尝试，我还是希望日本能够给出灵活的应对方案。

第 10 章

药物——只要有效和安全就足够了吗?

"生物黑客"是医疗的原点回归吗？

你知道"生物黑客"吗？它是指用生物工程技术对自己的身体进行改造的一个团体。这一科幻般的运动在数十年前就初现端倪，如今已经进入了一个新的阶段。其中，在美国拉斯维加斯举办的学术会议"BioHack the Planet 2019"是这一领域中的一个代表性事件。

在之前的会议中，曾经出现很多奇葩的表演，例如在讲台上给自己注射艾滋病的基因治疗药物。实际上，这个会议的大多数参会者都不是专业人士，所以该会议也就是一个爱好者的集会而已。不过在近年，一些具有博士学位的研究者也参与进来，使用最新的遗传工程技术研发出有效的疗法。尽管其中大多数是对已有疗法进行重制而形成的廉价版疗法，但也有一些针对目前尚无治疗方案的罕见病所研发的新疗法。

老实说，如今，生物黑客行为的质量仍存在问题。由于治疗出现过严重的副作用，甚至有死亡病例，FDA（美国食品药品监督管理局）正准备出台法律对生物黑客进行监管。

而出人意料的是，在这样的背景下，2019 年 12 月，《自然：生物工程》编辑部对近年来生物黑客的动向表达了积极的看法。

在美国，由于药品的供给不足和价格高涨，使得一些本应该得到治疗的患者无法得到妥善的治疗。而这正是生物黑客的发力点，也就是说，他们要"黑"的真正目标是制药企业的经济结构。出于投入产出比的考虑，制药企业一般不愿意研发针对罕见病的药物，而生物黑客给罕见病患者带来了新的希望。

生物黑客是一项非营利性的运动，他们的产品非常廉价。"只要有希望，就不怕有风险"——这可以说是医疗的一种原点回归吧。

2 能预测药物副作用的算法

　　任何药物都或多或少地存在副作用，这是不可避免的。但是，如果因此就极端地把药物看作是"恶"的话，也是十分令人遗憾的。

　　心理学实验表明，人脑对损失的反应要比对收益的反应强，因此人对副作用敏感可能是存在自然生理基础的。不过，考虑到药物的有益性，为了避免一害而舍弃百益这一做法恐怕也是非常令人痛心的。

　　不仅是消费者，制药公司也对副作用的问题感到十分头痛。

　　药物研发需要投入大量的人力和时间，而参与试验的药物中，最终能够获批上市的只有 0.001%。一种药物通常需要大约 20 年的研发周期和大约 5 亿美元的研发经费。

　　然而，一旦一种药物能够在市场上获得成功，其每年就可以为企业带来 100 亿美元的营收，即便是丰田最热销的车型卡罗拉所创造的利润也无法与之媲美。因此，如果因为副作用而导致产品召回，对企业来说将是一个巨大的打击。

因为在药物上市后才发现有副作用的案例并不罕见，所以，如果在上市前就能够对副作用进行预测的话，不仅有利于民众的健康，也有利于降低制药公司的风险。

这种梦幻般的预测算法已经出现了。瑞士诺华公司的厄班博士等人在《自然》杂志（2012 年 6 月）上发表的研究就属于此类。厄班博士等人使用计算机对已经上市的 656 种药品的化学结构与目标分子的相互作用进行了彻底分析，预测出了 1241 种未知的副作用。

这一算法是否能够用于未来的新药目前尚不能确定，但对于医药界来说无疑是一个好消息。

3 药品专利出现在拍卖会上

　　药品专利也出现在拍卖会上了，就像珠宝首饰和艺术作品一样。

　　制药公司通常会为其自主研发的化合物及其用法申请药品专利。当然，这是为了保护公司的利益。然而，2011 年 3 月在拍卖会上参与竞拍的药品专利并非来自制药公司，而是来自个人。

　　唑来膦酸是一种治疗高钙血症的有效药物，该药物是由大型制药企业诺华公司研发的。然而，这种药物出现了头痛等副作用。担任该公司咨询顾问的德赛伊博士运用其卓越的专业知识提出了一种抑制副作用的改良方案，但诺华公司并未接受这一方案。不过德赛伊博士对自己的方案很有信心，于是他自筹资金进行临床试验，并取得了专利，出现在上述拍卖会上的正是这一专利。

　　专利参与竞拍的案例最近并不罕见。美国企业 Ocean Tomo（Tomo 一词就是来自日语的"友"和"智"的意思）就是一家专门从事大规模知识产权公开拍卖的公司。

在这一潮流的推动下，近年来，企业也在转变观念，不再将专利大规模地攥在自己手里，而是将其作为投资组合进行管理，而这些专利也成为投资者的优质投资对象。

一直以来，专利拍卖的主流是与技术相关的专利，现在生物和药品专利也开始登上拍卖的舞台。不过，有一点不能忘记，这些经费最终还是要由患者和纳税人来承担。

无效、有害……假药的横行

2010 年 4 月，《自然：医学》杂志刊登了一篇关于假药现状的特别报道。药品的信誉应该是放在首位的，但如今，药品生产者和销售者都因药品信誉而面临着道德问题。

虽然这篇特别报道关注的重点是一些亚洲国家的地下药品市场，但假药的问题绝不仅仅局限于亚洲国家。

2007 年，被欧盟海关截获的药品超过 3000 万件，其中 15%属于侵犯知识产权的假冒产品。根据 2007 年 2 月召开的国际论坛中给出的计算，欧盟地下药品市场的规模已超过 700 亿美元。

假药的问题也并不仅限于专利。

如果假药里面含有有效成分的话还好，但有一些假药是完全无效的，甚至是有害的。

在奢侈品和古董领域，假货当然也是一个大问题，但假药可是关乎健康和生命的，所以这一问题万万不可轻视。

　　值得一提的是，网购正在成为假药的温床。网购药品有时不需要处方，便宜又方便，但政府也需要谨慎地进行管理，以防止假药横行。

5 应该允许网购处方药吗？

我在网上商城购买了治疗过敏性鼻炎的药"Allegra"。药品也能网购了，不久之前我还完全没想过。一直以来，只有配备药剂师的药店才能销售药品，而现在网购已经成了一个理所当然的渠道。严格来说，随着2014年6月修订后的药事法实施，网购药品在日本被正式批准，这背后的故事非常复杂。

在日本，药品分为两种，一种是必须凭医生处方使用的处方药，另一种是不需要医生处方就可以使用的非处方药。非处方药还会根据其安全性细分为第1类、第2类和第3类。其中第1类是需要特别注意的药品，原本是需要与药剂师当面咨询后才能购买的。Allegra就属于第1类药品。如维生素补充剂、助消化药等属于安全性较高的第3类药品。

2006年，日本对药事法进行了修订，在实质上解除了对网购非处方药的禁令。但在2009年，厚生劳动省颁布了一项"网购仅限于第3类药品"的行政法令，由此混乱便开始了。一波三折后，2013 年 1 月，最高法院裁定厚生劳动省颁布的行政法令违法。随后，药事法再一次修订，正式允许 99.8% 的非处方药通过网络销售。

网购的优点不仅在于方便，还在于它能够消除人们在店里购买某些药品时的抗拒心理，如脚气药、妊娠检查药等。但是，网购药品放开后，很快就发生了药品误用、恶用的案例。所以，关于网购药品对社会整体是有利还是不利，恐怕还有待商讨。

网络商家是逐利的，他们甚至在游说日本政府开放处方药的网络销售。尤其是在某些偏远地区，很多药品即便医生能开处方，当地的药店也不会有备货。所以，从现状来看，药物治疗还不能确保地域公平性。

网购处方药是否应该被允许呢? 无论答案如何，医药行业都将会迎来一个重大的转折点。

6 # 日本人均每年药品支出约为英国、法国的 2 倍

药价，也就是药品的价格，是医疗经济中的重要因素。

日本采用的是政府定价制度，即由厚生劳动省根据药品的有效性和创新性来确定一个"公定价格"。这与美国、英国等其他国家有着很大的不同。在西方发达国家中，制药公司可以自由定价，在市场原理的驱动下，类似产品会产生价格竞争。日本没有这样的价格竞争机制，这导致日本人均每年的药品支出是英国、法国的约 2 倍。

在 2016 年 12 月《时代周刊》的专访中，当时即将就任美国总统的特朗普表示"我不喜欢现在的状况""药价要进一步降低"。这一发言再一次引发了热议。对此，美国医药研究与制造商协会立即发表了反对声明，称"政府不应干预药价"。

这一热议的对象是美国近年来药价的高企，其中最具代表性的高价药品是 63 年前上市的一款抗感染药物"达拉敏（Daraprim）"。

2015 年，美国制药公司"图灵制药"收购了达拉敏的制造和销售权，并将其价格从每片 13.5 美元一下子提高到 750 美元，暴涨了近 55 倍。尽管价格暴涨近 55 倍，但需要这种药的人还是不得不买。

图灵制药的这一行为遭到了批判，但其在美国并不构成违法。如今，像这样的制造权交易在美国制药行业非常流行。即便是仿制药，也可以通过收购所有竞争公司的销售权来获得垄断地位，从而提高药价。制药企业似乎已经忘记了药品研发这一本职工作，开始热衷于各种投资活动。

特朗普希望对已经演变为投资者游乐场的医药市场进行整顿。投资者们不知道是否应该认真对待特朗普的发言，但毫无疑问的是，特朗普此举已经取得了白人低收入阶层的强力支持。

现在，美国的人均药品支出是日本的 1.7 倍，这对美国人的生活支出也构成了不小的压力。

3D 打印机的新用法——生物打印

　　我已经将 3D 打印机用在工作中了。我一直关注着技术的进步，3D 打印提供了很大的自由度，让研究者能够随意设计和制造实验装置的零件，扩大了研究的范围，在需要创造性的基础科学研究中能够发挥很大的作用。

　　不过，这种便利性也会带来一些不良的后果，现在已经出现了利用 3D 打印机进行犯罪的案例。2014 年，日本就有人因为用 3D 打印制作出了具有杀伤力的手枪，以违反铳刀法[①]的名义被逮捕，想必大家对此还记忆犹新。由于树脂材料制作的枪支无法被金属探测器探测到，所以其社会危害不可忽视。此外，还发生过制作 ATM 机侧录装置来盗取存款的精巧犯罪。

　　3D 打印机对于社会来说是一把双刃剑，它蕴含着强大的应用潜力，近年来尤其备受期待的用法当属"生物打印"。

---

① 全称《铳炮刀剑类物品持有管理法》。

使用蛋白质等生物材料作为打印素材，就可以人工制造出血管、骨骼、皮肤、气管、肾脏等组织和器官。由于使用了活细胞作为打印素材，因此甚至可以制作出能自主搏动的心脏。

一个很容易想到的生物打印的应用场景就是器官移植。用自体采集的 iPS 细胞 3D 打印出器官，就无须担心移植后的排斥反应了。

生物打印在制药行业也备受期待。他们期待的应用场景是毒理学试验。对于研发的化合物是否有副作用，目前只能通过"人体实验"来进行确认，而如果使用由人类细胞 3D 打印出的人造器官，就可以在进入临床之前得出结论了。

毒理学试验并不是唯一的应用场景，我们还可以故意制作出患病状态的人造器官，并以此筛选出能够发挥治疗作用的药物，从而提高新药研发的效率。总之，3D 打印具有诸多不同的应用场景，对人类未来的贡献不可估量。

8 日本发现的诺奖级抗癌药

有人提出，TPP（跨太平洋伙伴关系协定）中关于汽车产业和农业的部分只是幌子，其真正目的是开放医疗保险市场。

在日本，诊疗活动分为纳入健康保险范畴的保险诊疗和不纳入保险范畴的自由诊疗，而同时进行这两种诊疗活动的混合诊疗在原则上是被禁止的。这一制度确保了日本公民无论贫富都可以接受公平的医疗服务。然而，美国保险公司是以自由诊疗为主流的，因此这一制度成了它们进入日本市场的绊脚石。也就是说，TPP 正是铲除这一壁垒的一种策略。

当然，我觉得这并不容易实现，但事实是，有些动向让我无法袖手旁观。其中一个就是"PD-1 抗体"。

PD-1 抗体是一种具有崭新药理学原理的抗癌药物，对部分癌症患者具有非常显著的效果。该药已于 2014 年获批上市，问题出在了药价上。

使用 PD-1 一个月的治疗费用约为 300 万日元（约合人民币

15 万元),比传统药品的费用要高出许多。日本有高额医疗费制度,患者自己负担的费用在 10 万日元左右(约合人民币 5000元)。也就是说,政府需要承担 95% 以上的费用。

目前,PD-1 抗体的适应症仅限于黑色素瘤等部分癌症,但其对肺癌、胃癌、食道癌等癌症的有效性也在逐渐被证实。随着适应症范围的扩大,国家的医疗支出总额将达到每年 10 万亿日元(约合人民币 5000 亿元)。当然,当国家财政紧张时,全民保险制度和高额医疗费制度等保护公民健康的堡垒就可能崩溃,而 TPP的目标正是日本这一制度上的弱点。

PD-1 是由京都大学的本庶佑博士等人发现的,这一研究领域有望帮助日本获得诺贝尔奖(本庶佑博士于 2018 年被授予诺贝尔生理学或医学奖)。因此,对于这一能拯救大量癌症患者的新药,日本政府愿意赌上国家的威信,这也是可以理解的。

新型抗生素的研发越来越困难

目前，人们对抗生素的未来愈发感到忧心忡忡。而美国 Cempra 制药公司研发的索利霉素遭遇挫折，进一步加剧了这一担忧。索利霉素作为一种新型抗生素被寄予厚望，Cempra 公司的股价也因此在过去数年中持续上涨。索利霉素对肺炎、淋病等多种致病菌都表现出了有效性，临床试验也已经进入了最后的阶段。

2016 年，FDA（美国食品药品监督管理局）对索利霉素的副作用表示"关切"，怀疑其可能具有肝毒性。实际上，这并不意味着发现了索利霉素的明确的副作用，而只是怀疑其存在导致肝脏酶指标上升的可能性。对此，FDA 要求"对 9000 人进行追加试验，进一步确认其安全性"。

FDA 做出这样的判断也无可厚非，但从现实来看，要进行这种规模的临床试验需要巨额的费用。在新药研发领域，研发费用的多少往往能决定成败，要研发一款新药必须做好耗资数亿美元的准备。

现在，全球只有 34 家制药公司在从事新型抗生素的研发，其中 29 家都是小规模的初创生物技术公司。对于这些体量很小的企业来说，追加试验属于非常严苛的要求。受 FDA 要求的影响，Cempra 公司不得不撤回了在美国的审批申请。祸不单行，2017 年 3 月，他们在欧洲的研发工作也被迫中止。Cempra 公司的失败是新药研发行业的结构性问题所导致的，将来投资者可能也会因为这一问题而对这一领域敬而远之。

药品的质量标准一年比一年严格，因此相比那些还没通过审批的新药来说，已经上市的抗生素往往具有更大的副作用。药品的安全性显然是很重要的，所以对药品审批的要求可能也很难大幅放宽，而抗生素又不得不面对细菌耐药性的问题。

新型抗生素的研发越来越困难，这为将来的抗感染治疗带来了一抹挥之不去的不安。

10 罕见病新药研发浪潮与"数字医疗"

　　针对罕见病的新药研发掀起了一波浪潮。过去，对于为患者数量很少的罕见病研发治疗药物，出于收益率的原因，制药企业往往都兴趣不大。而现在，由于试图解决这一问题的支持政策落地，这一领域也一下子热闹起来。过去 5 年全球获批上市的药品中，有 40% 都是治疗罕见病的（占比位居第二的是抗癌药，占比为 26%）。

　　对于此前缺乏关注的领域，通过政策的方式进行扶持，应该是值得肯定的。但是，现在的这波浪潮也引发了一些担忧，这是因为针对老年病的新药研发成为了新的薄弱领域。例如，针对阿尔茨海默病、帕金森病等老年性神经系统变性疾病的新药占比仅有 3%。

　　现在，60 岁以上人口已经占世界总人口的八分之一，而 70% 的 65 岁以上人口都患有多种慢性疾病。目前，社会保障预算的 80% 都用于支付老年病相关的费用，将来这一数字还会继续增加。

　　然而，大多数老年病非但无法治愈，甚至连延缓病情发展都无法做到。其中很多老年病的病因非常复杂，不仅制药企业难以应对，对于基础科学研究者也同样是一个棘手的难题。

　　在这样的背景下，"数字医疗"开始受到越来越多的关注。所谓数字医疗，是指让患者携带搭载加速度传感器和体征探测器的电子设备，将血压、心电图以及步态、睡眠规律等信息实时传输给医院的数据管理室。通过这些数据，就可以捕捉到心血管病、精神疾病、睡眠障碍、运动障碍、跌倒、迷路等情况的早期征兆。此外，患者还可以在家中接受专科医生的远程诊疗，这不仅能减轻患者亲自前往医院的负担，还有望节约社会保障经费，缓和地域差异。

　　现在在美国，只有部分富裕阶层的人在使用这一系统。他们中很多人平时的生活习惯就比较健康，因此这一系统为他们带来的益处并不大。要想让数字医疗惠及真正需要它的人，还需要在政策方面做出考虑。

**用药物提高智力以提升通过率的"考
试兴奋剂"**

今年的升学考试季已经接近尾声。2014 年，日本全国共有
将近 180 万人参加了大学和高中的升学考试。关于升学"大战"，
我最近听得比较多的一个话题是用药物提高智力以提升通过率的
"考试兴奋剂"。这一现象在美国很常见，根据 2009 年的一项调
查，美国近 25% 的考生会在考前服用药物。

最近，治疗认知障碍的药物受到了学生群体的追捧。无论年
轻还是年老，人脑的工作原理都是相同的，因此能够改善老年人
认知障碍的药物，应该不只对老年人有效。出于这样的期望，考
生开始寻求这类药物。

我当然希望大家在参加考试时不依赖药物，但对于近年来的
倾向也很难一味地否定。即便存在相关禁令，体育界的兴奋剂事
件还是屡禁不绝，因此要杜绝服用此类药物几乎是不可能的。当
然，我们可以说"吃药是一种作弊"，并对这一行为进行道德上

的谴责,但这又会涉及"'兴奋剂'服用到什么程度是合理的"这样一个界限模糊的问题。

例如,摄入咖啡因算不算作弊呢?更进一步说,营养好的孩子可以发挥出较高的智力水平,那么妈妈为其准备一份营养均衡的晚餐算不算是"服用兴奋剂"呢?

总而言之,作为脑科学专家,我想提出三个观点:①没有科学证据表明这种药物能提高学习成绩;②只提升某种特定能力会存在破坏整体智力均衡的风险;③用取巧的方法通过考试并不能确保将来的前途。

在古希腊时代,人们就相信往头发上喷洒迷迭香能够提高记忆力,这说明"轻轻松松提高能力"这样的愿望自古有之。但我认为,只有通过努力掌握的知识才能孕育出真正有益的智慧。

版 权 声 明